KB037038

수취인: 자본주의

마르크스가 보낸 편지

강신준 글 | **신병근** 그림

수취인:
자본주의

마르크스가 보낸 편지

풀빛

차례

2 자본주의의 등장과 발전 

3 자본주의의 위기와 구원: 케인스주의 

4 신자유주의의 등장과 또 하나의 파국 $

3장 자본주의의 위기와 미래

프롤로그

헬조선을 진단하다

경제학이란 무엇인가

"승객 여러분, 기내에 급한 환자가 생겼습니다. 혹시 의사가 계시면 즉시 승무원에게 말씀해 주시면 감사하겠습니다."

고도 8000미터 상공을 날고 있는 비행기 안에서 갑자기 이런 기내방송이 나옵니다. 하지만 승무원에게 자신이 의사라고 밝히는 사람이 나오지 않습니다. 그러자 다급한 목소리로 다시 방송이 나옵니다.

"승객 여러분, 기내에 의사가 한 분도 없는 모양입니다. 혹시 의사가 아니더라도 의과대학생이나 의학에 대해 약간이라도 지식을 가지신 분은 즉시 승무원에게 알려 주시기 바랍니다."

한 사람이 옆 사람에게 이렇게 말합니다. "야, 너라도 나가 봐! 네가 의과대학에 다니잖아!" 옆 사람은 펄쩍 뛰면서 말합니다. "안 돼, 나는 아직 환자를 실제로 치료한 경험이 전혀 없는 학생일 뿐이야!"

하지만 어쩝니까? 환자의 생명은 경각에 달려 있고 하늘 높이 떠 있는 비행기 안에는 아무리 책에서만 배운 짧은 지식이라도 의학을 배운 사람이 달리 없는걸요. 하는 수 없이 등을 떠밀린 그 사람은 환자를 살펴보게 되고 꼬투리만 한 지식에 의존해서 위험천만한 응급처치를 합니다. 천만다행히도(!) 환자는 그 덕분에 위험한 상태를 벗어납니다. 이것이 실마리가 되어 바야흐로 이야기가 전개되기 시작합니다. 드라마나 영화에서 우리가 종종 마주치는 각본이지요.

그런데 약간 상투적으로 보이는 이 얘기에서 우리는 단순하지만 중요한 사실을 한 가지 알 수 있습니다. 몸이 아프면 우리는 의학에 매달린다는 것입니다. 의학이 아픈 몸을 고쳐 줄 수 있으리라는 믿음 때문이지요. 그런데 경제의 경우에는 어떨까요? 경제가 아플 경우 우리는 어떻게 해야 할까요? 몸이 아프면 의학에서 답을 구하려고 하듯이 경제가 아프면 경제학에서 답을 찾아야 하는 것이 아닐까요? 맞습니다. 경제학은 경제의 아픈 부분을 치료하는 것을 과제로 삼고 있는 학문입니다.

하지만 몸이 아프지 않은 사람이 병원을 찾지 않듯이 경제가 아프지 않을 때면 우리는 경제학을 돌아볼 필요가 없습니다. 고사에서 인용되는 요순시대나 태평성대 같은 시기가 아마 그런 경우가 아니었을까요? 그런데 지금 우리가 살고 있는 시대의 경제는 어떤 상태인가요?

'헬조선!' 우리 사회의 경제 상태를 단적으로 표현해 주는 그 유명한 단어입니다. 이 단어 외에도 비슷한 단어들이 우리 사회에는 넘쳐나고 있습니다. '취업 깡패', '열정 페이', 'N포 세대', '비정규 노동', '잉여', '투명인간', '땅콩 회항', '미생', '흙수저', '갑질' 등등. 이들 단어 모두가 가리키고 있는 것은 단 하나, '먹고살기 어렵다'는 것이지요. 그것은 바로 경제가 아프다는 것을 말하고 있는 것이 아닙니까? 그렇다면 경제학은 여기에 대하여 어떤 답을 주고 있을까요?

경제학은 두 개

몸이 아파 병원을 찾은 환자들은 우선 몸이 아픈 원인을 의사가 속 시원하게 설명해 주길 원합니다. 그리고 실제로 그런 설명을 들으면 그것만으로도 아픈 상태가 절반은 이미 나아 버린 듯한 느낌을 갖습니다. 이른바 '플라시보 효과'라고 부르는 것이지요. 원인이 분명하게 찾아지면 그것을 해소하기 위한 처방에 한결 믿음이 가기 때문입니다. 그런데 헬조선의 경우는 어떤가요? 여기에 대해 속 시원한 설명을 들어 본 적이 있습니까? 만일 그런 설명이 있었다면 지난 대선 때 '안철수'란 사람이 유권자들의 주목을 한 몸에 받을 수 있었을까요?•

'헬조선'의 원인을 설명해 주어야 하는 것은 경제학입니다. 그런데 안철수란 사람은 경제학을 전공하지 않았습니다. 당연히 그것을 설명해 줄 수 없는 분이지요. 그는 단지 헬조선 때문에 아파하는 젊은이들의 하소연을 그냥 들어 주었을 뿐입니다. 어디에도 설명이 없어서

• 2012년 제18대 대통령 선거를 앞둔 여론조사에서 선두를 달린 사람은 컴퓨터백신 프로그램을 발명한 것으로 유명한 안철수 서울대학교 교수였다. 이 사람은 당시 전국을 돌며 청년들을 상대로 토크콘서트를 열고 이들의 아픈 얘기를 경청한 것으로 유명했다.

답답해 죽겠는데 그나마 그런 심경을 들어 준 사람이 이분이었던 것이지요. 그러면 도대체 경제학은 어떻게 된 것입니까? 몸이 아픈 원인을 설명해 줄 수 없는 의사가 필요 없듯이, 경제의 아픈 원인을 설명해 줄 수 없다면 경제학은 대체 무슨 쓸모가 있는 것일까요?

사실 헬조선에 대한 설명이 아주 없었던 것은 아닙니다. 2007년 17대 대선 때는 경제대통령을 자처한 이명박 후보가 있었고, 2012년 대선 때도 복지를 앞세운 박근혜 후보가 있었습니다. 이들 두 사람은 모두 헬조선을 치유하겠다는 공약을 내걸고 대통령에 당선되었지만 헬조선의 상태는 나아지기는커녕 오히려 더욱 나빠지기만 했습니다. 두 사람 모두 경제학을 얘기했지만 아픈 상태를 치유하는 데에는 효과가 없었던 것이지요. 무슨 문제가 있었을까요?

몸이 아파 병원을 찾았는데 의사가 아픈 원인을 찾아내지 못하면 우리는 어떻게 합니까? 그 병원을 나와서 다른 병원을 찾아가지요. 헬조선의 경우도 마찬가지입니다. 우리가 아직 그것에 대한 올바른 설명을 듣지 못했다면 그것은 경제학의 번지수를 잘못 찾은 것입니다. 다른 경제학을 찾아가야 하는 것이지요. 그런데 조금 이상하게 들리는가요? 다른 경제학이라니요? 경제학이 여러 개란 말입니까?

그렇습니다. 경제학은 하나가 아닙니다. 혹시 제가 쓴 다른 책을 보신 분은 이미 알고 계시겠지만 그렇지 못한 분들은 이 얘기가 생소하게 들리실지 모르겠습니다. 하지만 경제학이 하나가 아니라는 것은, 취직과 관련해서 우리가 관심을 많이 기울이는 임금(혹은 봉급이나 급여라고도 부르지요)을 생각하면 쉽게 이해할 수 있습니다. 임금은 입장에

서둘러.
한시가 급해!
이러다 죽겠어!
엄살이야.
약해 빠져서 그래.
아무 문제 없어.
LET'S TALK
쌍용
정리해고
갑질
흙수저
국민은 개돼지야!
Hell Korea
EMERGENCY!!
노동경제학 의원
자본가 경제학 의원

따라 주는 사람과 받는 사람으로 구분됩니다. 그런데 이 두 사람이 임금에 대해 갖고 있는 생각은 같지 않습니다. 아니 오히려 정반대입니다. 임금을 받는 사람은 가능한 한 임금을 많이 받으려 하고, 주는 사람은 가능한 한 적게 주려고 합니다. 한 사람에게는 임금이 소득이지만 다른 사람에게는 비용이기 때문입니다. 소득은 높을수록, 비용은 적을수록 이익이니까요.

그래서 당연히 경제학도 두 개입니다. 임금을 주는 사람의 경제학과 임금을 받는 사람의 경제학이 바로 그것입니다. 그렇기 때문에 헬조선에 대한 견해도 이들 두 경제학은 전혀 다릅니다. 헬조선을 아픈 상태로 생각하고 이를 치유하려 하는 것은 임금을 받는 사람들의 경제학입니다. 반면 임금을 주는 사람들의 경제학은 헬조선을 치유해야 할 상태라고 생각하지 않습니다. '땅콩 회항'으로 유명해진 대한항공의 조현아 전 부사장 같은 사람이 우리 사회의 경제 상태를 헬조선이라고 생각할까요? 아닐 것입니다. 그래서 여러분이 아직 헬조선에 대한 올바른 설명과 처방을 듣지 못했다면 그것은 바로 임금을 받는 사람들의 경제학을 접하지 못했기 때문이라는 것을 알 수 있습니다.•

• 임금을 주는 사람을 자본가(혹은 부르주아)라고 부르기 때문에 이들의 경제학을 자본가 경제학 혹은 부르주아 경제학이라고 하고, 임금을 받는 사람은 노동자(혹은 프롤레타리아)이기 때문에 이들의 경제학을 노동자 경제학 혹은 프롤레타리아 경제학이라고 부른다.

헬조선의 진찰법도 두 가지

그러면 왜 여러분은 지금까지 임금을 받는 사람의 경제학을 접할 수 없었던 걸까요? 거기에는 조금 복잡한 사정이 숨겨져 있는데, 제가 쓴 《마르크스의 자본, 판도라의 상자를 열다》(2012년, 사계절, 15쪽 이하)에 그 내막이 소상하게 설명되어 있습니다. 다만 여기에서 한 가지만 말씀드린다면 임금을 주는 사람들이 그것을 방해했기 때문입니다. 임금을 받는 사람들이 자신들의 경제학을 알게 되면 당연히 헬조선을 해소할 수 있는 처방도 알게 될 것이고, 그것은 임금을 주는 사람들에게 손해가 될 것이니까요. 이제 눈치를 채셨겠지만 이 책은 임금을 받는 사람들의 경제학을 설명하는 책이고, 헬조선의 원인과 그것을 해소할 수 있는 치료약도 포함하고 있답니다.

그런데 제가 방금 얘기한 《마르크스의 자본, 판도라의 상자를 열다》라는 책도 임금을 받는 사람들의 경제학 책입니다. 그래서 이 책과 그 책의 차이점을 알려 드리고 본론으로 들어가기로 하겠습니다. 임금을 받는 사람들의 경제학 책이 두 개인 까닭은 경제의 아픈 상태를 진찰하는 방법이 두 가지이기 때문입니다. 어떤 방법들일까요?

병원에 가면 대개 의사 선생님이 환자에게 먼저 아픈 상태가 언제 어떻게 시작되었는지를 물어보고(문진이라고 하지요), 그런 다음 아픈 상태를 구성하는 세부항목들에 대한 검사(혈압, 소변, 혈액 검사, 엑스선, C/T 등과 같은)를 하며 아픈 원인을 찾아냅니다. 즉 문제의 원인을 찾아가는 방법은 크게 두 가지입니다. 하나는 시간적인 경로를 추적하는 방법입니다. 세상의 모든 사물은 시간을 따라 변화하고, 지금 아픈 상태는 처음 아프기 시작한 시점이 있고 그 시점에는 아픈 원인의 단서가 숨겨져 있기 마련입니다. 다른 또 하나의 방법은 아픈 상태를 구성하는 개별 요소들을 찾고 이들 요소 사이의 관련을 추적하여 아픈 원인을 찾아내는 것입니다. 전자를 시간적인(혹은 역사적인) 방법이라고 한다면, 후자는 구조적인(혹은 분석적인) 방법이라고 할 수 있겠습니다.

《마르크스의 자본, 판도라의 상자를 열다》는 두 번째 방법을 사용한 책이고, 이 책은 첫 번째 방법을 사용한 것입니다. 이런 차이 때문에 이들 두 책은 다루는 대상도 서로 다릅니다. 구조적인 방법에서는 경제제도를 구성하는 개별 요소들이 문제가 되는데 가치, 가격, 자본, 재생산, 축적, 이윤, 이자, 지대 등과 같은 것들이 거기에 해당합니다. 반면 시간적인 방법에서는 경제제도 전체가 얘기의 초점을 이루는데 이런 경제제도에는 우리가 원시공산제, 노예제, 봉건제, 자본주의(통일성을 기하기 위해 자본제라고 불러도 무방합니다)라고 부르는 것들이 해당됩니다. 이 책은 이들 네 단계의 경제제도를 차례대로 살펴 가면서 지금의 경제가 왜 병들었고, 어떻게 회복될 수 있는지를 알아볼 것입니다. 그러면 이제 시간의 길을 따라 '헬조선'의 원인과 처방을 찾아가 볼까요?

1장

자본주의는 어디에서 왔을까

이들 원숭이 가운데 일부가 우연히 살아남는 방법을 찾아냈습니다. 위에서 말한 매머드를 사냥하는 방법이었습니다.
이 방법을 통해 이들은 기존의 원숭이와는 다른 길을 걷게 되었고 그 길은 인류의 길로 이어졌습니다.
인류의 경제생활은 이렇게 시작되었습니다.
자본주의라는 경제제도의 최초의 발원도 거기에서 시작되었습니다.
사냥에 적합한 신체조건을 갖추지 못한 원숭이는 어떻게 사냥에 성공할 수 있는 방법을 찾아냈을까요?

1 인류의 경제생활은 어떻게 시작되었나

나무에서 내려온 원숭이

저 멀리 산 위에서 불기둥이 크게 솟아오릅니다. 화산재가 하늘을 까맣게 뒤덮고 땅은 크게 흔들리면서 곳곳이 갈라졌습니다. 이미 위험을 감지하고 안전한 지역으로 이동을 하던 매머드들은 속도를 더욱 높여서 달려 나갔습니다. 행렬의 맨 뒤쪽에 처져 있던 매머드는 점차 속도를 높이는 동료들의 행렬을 더는 따라잡을 수 없습니다. 아까 이동하는 도중에 갑자기 언덕 위에서 굴러떨어진 돌덩이에 뒷다리를 다쳤기 때문입니다. 행렬은 점점 자신에게서 멀어지다 결국 완전히 시야에서 사라져 버립니다. 무리에게서 떨어져 이처럼 혼자 고립된 적은 한 번도 없었습니다. 알 수 없는 두려움이 매머드를 엄습합니다. 동료들의 이동 방향을 찾느라 주변을 두리번거리던 매머드 주변에 처음 보는 무리가 다가왔습니다.

자신보다 몸집은 훨씬 작지만 이들은 모두 손에 긴 나무꼬챙이를 들고 있고, 꼬챙이 앞에는 매머드가 매우 두려워하는 불꽃이 활활 타오르고 있습니다. 불이 붙은 나무꼬챙이는 매머드를 포위하고 점차 포위망을 좁혀 왔습니다. 매머드는 앞으로 더 나아갈 수 없습니다. 다행

히 포위망의 뒤쪽은 비어 있어서 매머드는 뒷걸음질을 칠 수밖에 없습니다. 몇 걸음이나 옮겼을까, 갑자기 매머드는 중심을 잃고 깊은 구덩이로 떨어지면서 등에 꽂힌 날카로운 통증과 함께 눈앞이 캄캄해지는 것을 느낍니다. 매머드를 구덩이에 빠뜨린 무리들은 기쁨의 함성을 지르며 구덩이로 몰려들었습니다. 그리고 구덩이에 빠져 꼼짝도 못하는 매머드를 공격하여 죽였습니다. 인류를 향한 진화의 길이 시작되는 순간입니다.

매머드를 사냥한 이들 무리는 원숭이의 한 종류였습니다. 그런데 원숭이는 원래 매머드를 사냥해서 먹고사는 동물이 아닙니다. 원숭이는 나무 위에서 주로 나무 열매를 따서 먹고사는 동물이지요. 이들은 어쩌다가 이처럼 매머드를 사냥하게 되었을까요? 자연조건의 변화가 그들을 그렇게 만들었습니다. 나무가 몽땅 사라져 버려 이제 나무 위에서는 살아갈 수 없게 된 것입니다. 극지로부터 밀려오기 시작한 얼음이 원숭이가 살던 숲을 덮쳤기 때문이지요. 오늘날 빙하기라고 이름붙인 시대가 왔던 것입니다. 원숭이는 나무 아래로 내려와야만 했고 얼음으로 뒤덮인 세상에서 살아남을 수 있는 방법은 다른 동물을 사냥하는 것뿐이었습니다.

그러나 알다시피 원숭이는 사냥에 적합한 신체조건을 전혀 갖추지 못한 동물입니다. 날카로운 발톱과 같은 무기도 없고 힘도 그다지 세지 않으며 빨리 달리는 능력도 없습니다. 사실 원숭이는 나무에서 내려오면 다른 동물의 사냥감이 될 뿐 다른 동물을 사냥할 수 있는 능력은 가지고 있지 못합니다. 그래서 빙하기를 맞은 대부분의 지역에서 원숭이는 살아남지 못하였습니다. 당연한 일이었지요. 그런데 이들 원숭이 가운데 일부가 우연히 살아남는 방법을 찾아냈습니다. 위에서 말한 매머드를 사냥하는 방법이었습니다. 이 방법을 통해 이들은 기존의 원숭이와는 다른 길을 걷게 되었고 그 길은 인류의 길로 이어졌습니다. 인류의 경제생활은 이렇게 시작되었습니다. 자본주의라는 경제제도의 최초의 발원도 거기에서 시작되었습니다. 사냥에 적합한 신체조건을 갖추지 못한 원숭이는 어떻게 사냥에 성공할 수 있는 방법을 찾아냈을까요?

경제의 출발점은 공동체: 뭉쳐야 산다

성공의 열쇠는 집단을 이루는 것에 있었습니다. 집단을 이루면 하나하나의 원숭이에게는 없는 새로운 힘이 생겨나기 때문입니다. 매머드의 사냥에서 알 수 있듯이 매머드를 구덩이로 유인해서 빠뜨리기 위해서는 먼저 매머드를 포위할 수 있어야만 합니다. 그런데 원숭이 한 마리가 팔을 벌려 포위할 수 있는 길이는 기껏해야 2미터를 넘기 어렵습니다. 하지만 원숭이 스무 마리가 서로 팔을 맞잡으면 30미터가 훨씬 넘는 포위망을 만들 수 있습니다. 이처럼 집단을 이루면서 원숭이는 자연이 자신에게 부여한 신체조건을 넘어설 수 있습니다. 새로운 힘을 만들어 낸 원숭이는 이제 더는 기존의 원숭이가 아닙니다. 그들은 새로운 길로 접어들었고 그것은 인류를 향한 길이 되었습니다. 즉 여기에는 인류의 경제생활과 관련된 중요한 힌트가 숨어 있는 것입니다.

그 힌트의 내용을 살펴보기로 할까요?

새로운 경제생활이 시작되기 위해서는 두 가지 요소가 필요했습니다. 우선 자연으로부터 생존에 필요한 물자를 얻어 낼 수 있는 힘입니다. 나무에서 내려온 원숭이에게 그것은 나무 아래에서 매머드를 사냥할 수 있는 능력이었지요. 이 힘을 생산력이라고 부릅니다. 그런 다음 사냥한 매머드를 나누는 방법이 필요했습니다. 일껏 사냥을 해 두고도 그것을 나누어 갖지 못한다면 살아남을 수 없겠지요. 이 나누는 방법을 생산관계라고 부릅니다. 생산력과 생산관계는 경제생활의 기본적인 두 요소를 이룹니다. 그런데 이들 두 요소는 중요한 한 가지를 전제로 하고 있었습니다. 이들 요소가 작동하기 위해서는 일단 집단을 이루어야 한다는 점이었습니다. 즉 인류의 경제생활은 사회의 형성을 전제로 한 것이었습니다. 흔히 '인간은 사회적 동물'이라고들 하는데 그 말의 의미는 바로 여기에 있는 것입니다.

그래서 최초의 인류는 우선 생산력에서 집단적 생산력을 출발점으로 삼았습니다. 개인은 생산력을 이루지 못하였고 따라서 경제의 기본단위는 집단이었습니다. 그렇기 때문에 생산관계도 집단을 토대로 이루어졌습니다. 생산된 결과물 또한 생산력을 이룬 집단의 공동소유였고 구성원들은 이 생산물을 공동으로 나누어 가졌습니다. 어느 누구도 생산의 결과물을 개인적으로 가질 수 없었습니다. 혹시 누군가 이기심을 내세워 생산의 결과물 가운데 일부를 혼자 독차지하려 하면 그는 공동체에서 추방당하였습니다. 그것은 곧 그가 생산력으로부터 분리된다는 것을 의미하고 따라서 먹고살 수 없게 됩니다. 그래서 모든 구성원은 공동으로 생산해서 공동으로 분배받는 것을 당연하게 받아들였습니다. 이런 사회제도를 원시공산제라고 부릅니다. 나무에서 내려온 원숭이가 새롭게 걷기 시작한 인류의 경제생활은 이렇게 시작되었습니다.

얼핏 이들 얘기는 그냥 당연한 내용인 것처럼 생각될 수 있습니다. 하지만 그렇지 않습니다. 우리가 이 책의 출발점으로 삼은 '헬조선'에서 청년들을 절망시키는 '열정 페이'나 '비정규 노동'은 모두 이들이 생산력을 충분히 발휘하고도 제대로 생산의 결과물을 분배받지 못하는 것을 보여 주며, 헬조선의 절망을 더욱 부추기는 '금수저'도 생산력에 전혀 기여하지 않으면서 큰 부를 챙기는 것을 가리킵니다. 모두 생산력과 생산관계가 서로 결합되지 않고 분리되어 있다는 것을 보여 줍니다. 또한 우리가 흔히 듣는 경제학(임금을 주는 사람들의 경제학)에서는 인간의 이기심이 경제를 설명하는 가장 중요한 원리라고 주장합니다. 하지만 우리는 인류의 경제생활이 처음 이기심이 아니라 집단을 이루려는 사회적 의식으로부터 시작되었고, 생산력과 생산관계는 서로 긴밀하게 관련되어 있다는 것을 확인하였습니다.

그래서 우리는 인류가 경제생활을 처음 시작하던 때와 지금 우리가 당면하고 있는 경제 상태가 근본적으로 다르다는 점을 알 수 있습니다. 이 차이는 헬조선의 원인을 설명하고 그것의 치유 방법을 찾아내는 중요한 단서가 될 것입니다. 그래서 우리가 지금 출발점으로 삼고자 하는 이들 얘기의 내용을 잘 기억해 둘 필요가 있습니다.

생산력에 숨겨진 비밀

나무에서 내려온 원숭이들이 새롭게 만들어 낸 생산력에는 기존의 원숭이들에게는 없던 비밀이 하나 숨겨져 있습니다. 자연으로부터 부여받은 신체적인 제약조건을 벗어나는 일과 관련된 것이었습니다. 나무 위에서 생활할 때 원숭이는 나무를 붙잡기 위해 네 발을 모두 사용해야 했습니다. 그런데 이제 나무 아래로 내려오자 앞발이 자유로워졌습니다. 땅 아래를 걷는 데에는 굳이 앞발을 사용하지 않아도 되었으니까요. 이 자유로워진 앞발은 손으로 변하였고 그것은 새로운 생산력의 원동력이 되었습니다. 손은 다른 도구를 잡을 수 있도록 도와줍니다. 원숭이의 팔 길이는 1미터가 채 되지 않지만 손에 나무막대기를 들거나 다른 원숭이들과 손을 마주 잡으면 원숭이들의 팔 길이는 얼마든지 늘어날 수 있습니다.

나무를 붙잡기 위해 앞발을 사용할 경우 원숭이가 자연으로부터 물자를 획득할 수 있는 범위는 팔 하나를 뻗을 수 있는 1미터 정도로 제한되지만, 자유로워진 앞발로 2미터 길이의 나무막대기를 들거나 원숭이 세 마리가 손을 맞잡으면 그 범위는 3미터로 확대됩니다. 혼자서는 불가능했던 매머드 포위의 비밀이 바로 여기에 있었습니다. 그 결과 과거에는 얻을 수 없던 물자를 이제는 도구나 집단적 협력을 통해 얻을 수 있게 된 것이지요. 그것은 곧 생산력이 증대하게 되었다는 것을 의미합니다. 생산력의 증대는 이들 원숭이에게 동물의 세계로부터 벗어나 인류를 향하는 길을 열어 주었습니다. 동물과 구별되는 인간의 특징이 나타나기 시작한 것입니다. 그것은 두 가지 의미에서 그러하였습니다.

첫째 여가시간이 발생하였습니다. 원래 모든 동물은 생존을 위해 자신의 신체조건을 가장 잘 발휘할 수 있는 장소에서 살아가고 이런 장소를 서식지라고 부릅니다. 흰곰은 얼음이 뒤덮인 북극바다에서, 소나 염소 같은 초식동물은 풀이 많이 자라는 평원에서, 딱따구리는 키가 높은 나무가 울창하게 덮인 숲 지대에서 살아갑니다. 동물들은 자신의 서식지를 벗어나면 살아갈 수 없습니다. 초식동물은 북극의 얼음지대에서 살아갈 수 없고 딱따구리는 나무가 없는 평원에서 살아갈 수 없습니다. 거기에서는 자신의 신체조건을 발휘할 수 없기 때문입니다. 그래서 서식지는 이들 동물에게 마치 벗어날 수 없는 감옥과 같은 성격을 띠고 있고 이것을 '서식지의 우리'라고 부릅니다. 이처럼 모든 동물은 서식지의 우리에 갇혀서 살아갑니다.

그런데 나무에서 내려온 원숭이들은 도구의 사용과 집단적 협력을 통해 새로운 생산력을 획득하였고 그것을 통해 서식지의 우리를 벗어나게 되었습니다. 이들은 서식지의 우리를 탈출한 유일한 동물이 되었고 더 이상 원숭이가 아니게 되었습니다. 바로 인류가 출현한 것입니다. 서식지의 우리를 벗어남으로써 이들은 한 번의 생산을 통해 생존에 필요한 물자보다 더 많은 물자를 손에 넣을 수 있게 되었습니다. 이런 잉여의 생활물자가 있는 동안 이들은 생산 활동을 수행할 필요가 없게 되었습니다. 자유로운 여가시간이 발생한 것이지요. 서식지의 우리에 갇혀 있는 동안 시간은 오로지 생존을 위해서만 사용되었습니다.

그러나 이 우리를 벗어나면서 인간은 생존과는 무관한 여가시간을 갖게 된 것입니다. 시간의 구조가 바뀐 것이지요. 이것은 인간을 동물과 구별 짓는 중요한 경제적 특징입니다.

울산에 가면 반구대 암각화라는 선사시대의 중요한 유적이 남아 있습니다. 절벽의 바위에 늑대, 호랑이 등의 동물과 사람 모습, 그리고 고래를 잡는 모습이 그림으로 새겨져 있습니다. 이 유적을 남긴 것이 인간이라는 점에 우리는 조금도 의심을 하지 않습니다. 왜냐하면 인간이 아닌 다른 동물이 암각화를 남기는 경우는 없기 때문입니다. 그런데 암각화를 그리는 시간은 생산 활동을 수행하는 시간이 아닙니다. 그것은 여가시간에만 할 수 있는 활동입니다. 다른 동물에게서 이런 유적이 발견되지 않는다는 것은 이들에게 여가시간이 없다는 것을 의미합니다. 여가시간이 인간을 다른 동물과 구별 짓는 중요한 기준인 이유입니다.

그런데 여가시간은 인간에게 중요한 또 하나의 특징을 만들어 냅니다. 여가시간의 발생으로 인간의 시간은 이제 생산을 수행하는 노동시간과 여가시간, 두 부분으로 이루어집니다. 전자의 시간은 생존을 위해 반드시 필요합니다. 그리고 후자의 시간은 생존에 얽매이지 않는 자유로운 시간입니다. 이들 두 유형 가운데 사람들이 더 좋아하는 시간이 어떤 것일까요? 여러분 스스로 한번 생각해 보십시오. 공부하는 시간과 노는 시간 가운데 어떤 것이 더 좋은가요? 당연히 노는 시간일 것입니다. 그런데 이 노는 시간은 생산력의 증대가 만들어 낸 것입니다. 그래서 인간은 여가시간을 얻기 위해 생산력을 증가시키는 방법을

찾으려고 끊임없이 생각하고 여가시간은 다시 바로 그런 생각을 할 수 있도록 만들어 줍니다. 여가시간과 생산력이 서로 상승작용을 하는 것이지요.

여가시간이 자유롭게 생각할 시간을 만들어 주고, 자유로운 생각은 생산력을 더욱 증가시키고, 그 결과 더 많은 여가시간이 얻어지는 것입니다. 그렇기 때문에 인류는 처음 서식지의 우리를 탈출하는 생산력을 발견한 이후 생산력의 발전을 잠시도 멈춘 적이 없습니다. 이런 생산력의 끊임없는 발전은 인간이 아닌 다른 동물들에게서는 찾아보기 어려운 특징입니다. 소나 염소 같은 초식동물이 풀을 뜯어먹는 방법, 그리고 사자가 이들 초식동물을 사냥하는 방법 등은 100년 전이나 500년 전에도 지금 우리가 보고 있는 방법과 거의 같았습니다. 다른 동물의 생산력은 아무리 세월이 지나도 변하지 않는 데 반해 인간의 생산력만은 계속 발전해 온 것입니다. 생산력에 숨어 있는 두 번째 비밀은 바로 이것입니다.

그런데 이 비밀이 바로 여가시간에서 비롯된 것이라는 점에 유념할 필요가 있습니다. 이 사실은 우리에게 경제에 대한 중요한 경구를 말해 주고 있기 때문입니다. 인간은 단순히 먹고살기 위해 일하는 것이 아니라 '놀기 위해서 일한다!'는 목표를 가지고 있는 것입니다. 그리고 그 노는 시간은 자유를 가리키고 있습니다. 인간이 동물과 구별되는 것은 바로 이 점에 있다는 것을 잊지 말도록 합시다.

새로운 변화

원숭이를 나무에서 내려오게 만들었던 얼음은 한동안 머무르다 점차 다시 극지방으로 물러나기 시작했습니다. 빙하기가 끝난 것입니다. 얼음이 물러나자 새로운 자연환경이 나타났습니다. 그 자연환경은 지역에 따라 약간씩 차이가 있었지만 크게 세 가지 유형을 보였습니다. 어떤 곳은 숲이 울창하게 우거진 삼림지대였고(유럽의 알프스 북부지방), 어떤 곳은 건조한 구릉지대(지중해 연안지방)였으며, 어떤 곳은 커다란 강 하구에 자리 잡은 평야지대(이집트, 이라크, 인도, 중국)였습니다. 원숭이에서 이제 인류로 진화한 무리는 새로운 자연환경에 맞추어 경제생활의 방식을 바꾸어야 했습니다. 삼림지대에서는 여전히 사냥을 계속할 수밖에 없었지만 구릉지대와 평야지대에서는 농사가 시작되었습니다. 기후와 토지의 조건에 맞추어 구릉지대에서는 과수농사가, 평야지대에서는 곡물농사가 중심이 되었습니다.

농사는 경제생활의 구조를 크게 바꾸어 놓았습니다. 우선 생산력이 바뀌었습니다. 사냥에서는 집단을 이루어야만 생산력이 만들어질 수 있었지만 농사에서는 그럴 필요가 없었습니다. 씨앗을 뿌리고 수확하는 일은 다른 사람의 도움 없이도 혼자서 충분히 할 수 있었기 때문입니다. 집단적 생산력이 개별적 생산력으로 변화한 것입니다. 그런데 생산력에서 일어난 변화는 또 있었습니다. 사냥에서는 사람들끼리 힘을 합치기만 하면 곧바로 생산력이 만들어졌지만 농사에서는 사람의 힘만으로는 생산력이 만들어지지 않습니다. 토지가 있어야 하는 것입

니다. 생산력은 이제 사람의 힘(이제부터는 노동력이라고 부르겠습니다)과 토지라는 두 개의 요소로 이루어지게 되었습니다.

그런데 토지는 사람들이 가지고 다닐 수 있는 것이 아닙니다. 따라서 사냥할 동물을 찾아 끊임없이 이동하던 생활은 이제 토지가 있는 장소에 정착하는 생활로 바뀌었습니다. 마을이라는 공동체가 형성된 것입니다. 하지만 농사를 짓기에 적합한 토지는 그다지 많지 않습니다. 당연히 좋은 토지를 차지하기 위한 싸움이 끊임없이 발생하였습니다. 원래 사냥을 하던 집단은 동물과 싸우기 위한 전투조직입니다. 이 조직이 그대로 토지를 두고 싸우는 조직이 되었습니다. 싸움은 공동체 단위에서 집단적으로 이루어졌고 개인은 혼자 힘으로 토지를 빼앗거나 지켜 낼 수 없었습니다. 토지는 집단을 이루어야만 얻을 수 있는 생산요소였던 것입니다. 그래서 생산력을 이루는 두 요소는 각기 다른 성격을 띠게 되었습니다. 노동력은 집단적인 것에서 개별적인 것으로 바뀌었지만, 토지는 사냥을 할 때와 마찬가지로 집단을 이루지 않으면 얻을 수 없게 된 것입니다. 생산력은 집단적 성격과 개별적 성격을 동시에 갖게 되었습니다.

생산력의 변화는 생산의 결과물을 처분하는 생산관계도 바꾸었습니다. 과거에는 집단을 이루어 공동으로 생산했기 때문에 당연히 모든 생산의 결과물도 공동으로 소유했지만 이제는 혼자서 생산할 수 있기 때문에 그 결과물도 각자 개별적으로 소유할 수 있게 되었습니다. 사적 소유가 발생한 것입니다. 그러나 방금 얘기했듯이 생산력에는 토지를 얻는 데 필요한 집단적 성격이 여전히 남아 있습니다. 그래서 생산의 결과물은 둘로 나누어져 하나는 개인에게 다른 하나는 집단, 즉 공동체 전체에게 돌아갔습니다. 개인에게 돌아간 부분은 개인이 먹고 사는 소비에 사용되었고 공동체에게 돌아간 부분은 전쟁을 수행하기 위해 필요한 비용으로 사용되었습니다. 생산관계는 생산력의 이중적 구조에 맞추어 사적 소유와 공동소유가 함께 존재하는 형태가 된 것입니다.

공산사회의 진화

농사가 가져온 변화는 인류사회 진화의 본격적인 시작이었습니다. 우선 여가시간에서 비약적인 발전이 이루어졌습니다. 사냥은 일 년 내내 계속 이루어져야 했고 따라서 여가시간도 사냥과 사냥 사이에 잠깐 동안만 주어졌을 뿐입니다. 그러나 농사에서는 수확을 하고 나서 다음 해에 새로 씨앗을 뿌릴 때까지 몇 달 동안 농사를 짓지 않는 기간이 존재했고 이 기간은 모두 여가시간이 되었습니다. 우리가 대개 농한기라고 부르는 기간입니다. 앞서도 얘기했듯이 여가시간은 자유롭게 생각할 시간을 제공하여 생산력을 높일 수 있는 방법을 찾도록 도와줍니다. 여가시간의 증가는 생산력의 발전으로 이어졌고 이로 인해 수확물 가운데 한 해 동안 소비하고 남는 잉여가 점차 늘기 시작했습니다. 그런데 잉여의 증가는 모두에게 균등하게 발생하지 않았습니다.

농사는 자연의 힘에 절대적으로 의존하는데 자연의 힘은 매우 불균등하게 작용하는 법입니다. 넓은 들판에 태풍이 지나가도 들판의 농

작물 가운데 일부만 쓰러지고 다른 일부는 멀쩡하게 남아 있습니다. 뿐만 아닙니다. 생산요소 가운데 인간의 노동력도 매우 불균등합니다. 힘이 세거나 약한 사람, 몸놀림이 부지런하거나 느린 사람이 함께 존재하고 몸이 다치거나 병에 걸려 아예 일을 할 수 없는 사람도 있습니다. 이런 육체적 조건의 차이는 그대로 생산에 영향을 미쳐 수확량의 차이로 이어집니다. 그래서 농사가 끝나고 나면 공동체의 구성원들 사이에서 수확물의 차이가 필연적으로 발생합니다. 생산이 불균등하게 이루어지는 것이지요.

그런데 생산만 불균등하게 이루어지는 것이 아닙니다. 소비도 불균등하게 이루어집니다. 식사를 많이 하거나 적게 하는 사람이 있고 부양해야 할 식구가 많거나 적은 사람도 있습니다. 이처럼 생산과 소비의 불균등성 때문에 한편에서는 운이 나빠 생산이 소비에 비해 부족한 사람이 생기는 반면 다른 한편에서는 운이 좋아 잉여를 남긴 사람이 생기게 됩니다. 생산이 부족한 사람은 자연히 잉여를 가진 사람에게 생산물을 빌리게 됩니다. 한번 빚을 지게 되면 그 빚에서 벗어나는 일이 대단히 어렵습니다. 그다음 해에 평년보다 수확량이 빚만큼 더 많아야만 빚을 갚을 수 있지만 그것은 그다지 쉬운 일이 아니기 때문입니다. 운이 나빠 연속으로 빚을 지기라도 하면 빚에서 벗어나는 일은 더욱 힘들어집니다. 이와는 반대로 잉여를 한번 얻은 사람은 잉여를 계속 불려 나갈 가능성이 큽니다.

그래서 구성원들 사이에 불균등성이 점차 심화됩니다. 이른바 양극화가 진행되는 것이지요. 원래 사냥을 하면서 형성된 공동체에서는 구성원들 사이에 불균등성이 전혀 존재하지 않았습니다. 집단적 생산력에서는 구성원들 사이의 개별적 차이가 무시되었고 그에 따라 생산물에 대해서도 사적 소유가 아예 인정되지 않았습니다. 당연히 구성원들 사이의 차이는 발생하지 않았지요. 공동생산과 공동소유, 그것이 원시공산제 사회의 특징입니다. 그런데 생산이 사냥에서 농사로 바뀌면서 생산력이 개인별로 분화되고 이로 인해 사적 소유가 등장하자 곧바로 구성원들 사이의 불균등성이 발생한 것입니다.

물론 아직 공동체는 유지되고 있었지만 이제 그 공동체는 구성원들 사이의 차이가 존재하지 않던 원래의 공동체는 아닙니다. 그것은 새로운 공동체인 것이지요. 공동으로 생산하고 공동으로 소유하는 원시공산제는 사라지고 구성원들 사이의 경제적 상태가 양극화한 새로운 공동체, 고대 국가가 등장하였습니다.

2 고대 국가의 찬란한 문명은 어떻게 만들어졌나

진화의 두 갈래 길

TV 프로그램에서 큰 인기를 끈 〈꽃보다 할배〉라는 여행 프로그램에서 출연자들이 유난히 경건한 태도를 보였던 나라가 하나 있습니다. 그리스입니다. 이들 출연자가 모두 연기자들이고 연극의 발상지가 바로 그리스이기 때문입니다. 인류 최초의 연극이 상연되었을 그리스의 극장 유적지에서 연기자 할배들은 벅찬 감회에 젖습니다. 하지만 연극만이 아닙니다. 그리스는 사실상 로마와 함께 유럽 문명 전체의 발상지이기도 하지요.

그런데 그리스와 로마의 유적지들을 자세히 보면 조금 특이한 점을 발견할 수 있습니다. 유적이 모두 언덕이나 산꼭대기에 자리를 잡고 있는 것입니다. 반면 중국이나 이집트의 유적지를 보면 그것들은 모두 평지에 자리를 잡고 있습니다. 원시공산제가 진화한 길이 제각기 다르다는 것을 알 수 있는 지점이지요. 그 진화의 길은 농업에서 반드시 필요한 생산요소, 토지를 얻는 방법에 따라 결정되었습니다.

빙하기가 끝나고 농업이 시작되면서 인류문명이 시작된 곳은 크게 두 가지 유형으로 나뉩니다. 하나는 지중해 연안이고 다른 하나는

커다란 강 하구입니다. 농사를 짓기에 가장 좋은 곳은 당연히 강 하구입니다. 비옥한 토지가 오랜 기간 퇴적되어 넓은 평야를 이루고 있기 때문입니다. 하지만 여기에는 한 가지 중요한 장애요인이 존재합니다. 큰 강일수록 자주 범람하거든요. 황하강의 길이는 5500킬로미터에 달하고 강물이 상류에서 하류까지 흘러가는 데에 수개월이 소요됩니다. 이 수개월 동안 많은 비를 여러 차례 만나면 하류에 도착할 때쯤 강은 이미 범람하여 거대한 홍수를 일으킵니다. 그 홍수의 규모를 알려 주는 증거가 있습니다.

황하와 황제

황하는 오늘날 중국 대륙의 북동쪽에 자리한 산동 반도 북쪽을 돌아 황해로 흘러가고 있습니다. 황하의 하구를 이루는 산동 반도 일대는 매우 광활한 평야지대인데 이 평야의 한 가운데 높다란 산이 하나 솟아 있

습니다. 끝없이 평평한 지형에서 우뚝 솟아 있는 모습이 하도 도드라져 이름도 한자어로 크다는 의미의 '태(太)'자를 써서 '태산'이라고 부릅니다. 우리 옛시조에 "태산이 높다 하되 하늘 아래 뫼이로다"라는 구절이 있을 정도이지요. 이 산의 실제 높이는 1535미터로서 우리나라의 설악산보다 100여 미터 낮고 오대산과 거의 비슷한 높이입니다. 중국 대륙의 서쪽에 있는 해발 8000미터 이상의 고봉들에 비하면 그다지 높지 않다고 볼 수도 있겠지만 해발 100미터도 안 되는 낮은 평야지대에 자리 잡고 있다는 점으로 본다면 제법 높은 산이라고 할 수 있습니다.

그런데 황하가 과거에는 태산의 남쪽을 흘렀다는 것이 지리적인 조사를 통해 밝혀졌습니다. 그것도 한 번이 아니라 태산의 북쪽과 남쪽을 번갈아 가며 방향을 바꾼 것이 무려 26회나 된다는군요. 황하가 태산을 넘어서 범람을 했던 것입니다. 이런 거대한 홍수가 수시로 덮치는 강 하구에서 어떻게 농사를 지을 수 있었겠습니까? 홍수를 막을 수 없다면 그 비옥한 농토는 모두 그림의 떡이나 마찬가지인 것이지요. 그래서 이런 지역에서는 홍수를 막기 위한 대규모 관개공사가 절대적으로 필요했습니다. 이런 대규모 공사는 적어도 수백만 명의 인력이 동원되어야만 가능했습니다. 당연히 이들을 조직할 편제가 필요했습니다.

이미 양극화하기 시작한 공산사회에서 빚으로 몰락한 사람은 하층의 평민으로, 잉여를 늘려 간 사람은 상층의 귀족 관료로 이동하면서 대규모 조직이 만들어졌고 그 조직의 정점에는 이들 모두를 지휘할 한 사람이 자리를 잡습니다. 황제라고 부르는 사람이지요. 이 지역에서 공산사회는 공사를 위한 조직으로 진화하였고 여기에는 반드시 지휘자가 필요하였습니다. 지휘자가 없으면 공사를 수행할 수 없고 공사가 없이는 토지를 얻을 수 없었기 때문입니다. 조직 내에서 지휘자의 자리를 차지하기 위한 개인들 사이의 싸움은 끊임없이 있었지만 조직의 구조 자체는 결코 변할 수 없었습니다. 사람들은 공사가 이루어지는 평야지대에 거주하고 황제도 이들을 지휘하기 위해 평야지대에 자리를 잡았습니다. 강 하구에 위치한 문명의 유적들이 대부분 평지에 자리를 잡고 있는 이유입니다.

지중해와 전사공동체

그런데 지중해 연안의 사정은 이와 달랐습니다. 이곳은 큰 강이 없이 주로 나지막한 구릉지대로 이루어져 있습니다. 그래서 이곳의 농사는 과수와 목축이 중심이 되었습니다. 농사를 지을 땅은 강 하구와 달리 별도의 관개공사 같은 노력을 기울이지 않아도 그냥 주어져 있었습니다. 단지 농사를 지을 수 있는 땅이 알프스 이남의 좁은 지역뿐이었습니다. 이곳을 제외한 나머지 지역은 광대한 숲 지대였고 이 지역에 사는 사람들은 과거와 마찬가지로 주로 사냥에 의존해야 했습니다. 그래서 농사를 지을 수 있는 토지를 차지하기 위해서, 그리고 수확기에는 수확한 농산물을 빼앗으려는 전쟁이 일상적으로 벌어졌습니다. 따라서 이 지역에서 공산사회는 본격적인 전투조직으로 진화하였습니다. 양극화를 통해 빚을 져서 몰락한 사람은 보병으로, 잉여를 축적한 사람은 기병이 되었습니다. 전자는 평민, 후자는 귀족이 됩니다.

이들 조직은 공격해 오는 적을 맞아 싸우기 좋은 산꼭대기에 견고한 성채를 쌓고 그 속에서 생활하였습니다. 지중해 연안의 고대 유적들이 모두 산 위에 자리를 잡고 있는 이유입니다. 조직의 구성원들은 낮에는 성채 바깥으로 나와 농사를 짓다가 저녁이 되면 안전한 성채 안으로 들어갔습니다. 성벽 곳곳에는 외적의 침입을 사방으로 감시하는 높은 망루가 있었고 외적의 침입이 감지되면 나팔과 같은 신호를 통해 성 밖에서 농사를 짓는 주민들을 성안으로 불러들여 전투태세를 취하였습니다. 구성원들은 모두 전투원이었고 전투를 통해 지켜 낸 토지를 함께 나누어 농사를 지었습니다. 이 전투조직을 전사공동체라고 부릅니다. 성을 중심으로 언제든 신속하게 성안으로 피신할 수 있는 범위 내에서만 농사를 지을 수 있었기 때문에 전사공동체의 규모는 그다지 크지 않았습니다. 대개 도시국가라고 알려진 하나의 마을 정도였던 것입니다.

이처럼 원시공산제는 토지를 얻는 방법에 따라 강 하구에서는 대규모 관개공사를 위한 조직으로, 그리고 지중해 연안에서는 전투를 위한 조직으로 각기 다른 두 개의 길로 진화해 나갔습니다.

동방의 길

원시공산제가 진화한 두 개의 길 가운데 공사조직으로 진화한 사회는 모두 지중해 연안의 동쪽에 위치하고 있어서 흔히 동방사회라고 불립니다. 인류 4대 문명의 발상지라고 부르는 곳들입니다. 이들 지역에서는 토지의 확보에 필요한 대규모 공사가 경제구조를 결정짓는 절대적 조건이었습니다. 개인의 혼자 힘으로는 단 한 뼘의 토지도 얻을 수 없었습니다. 따라서 개인은 일체 토지를 소유할 수 없었습니다. 사적 소유가 허용되지 않은 것이지요. 모든 토지는 오로지 대규모 공사조직의 공동소유여야 했고 그것은 이 조직을 대표하는 전제군주의 소유라는 형태를 취했습니다. 그런데 일단 토지가 주어지면 농사는 혼자서 지을 수 있습니다. 즉 토지의 확보는 집단을 통해서만 이루어지지만 토지의 사용은 개별적으로 할 수 있는 것입니다. 그래서 토지의 소유는 공동체적인 성격, 사용은 개별적인 성격을 띠게 됩니다.

농사가 끝나고 수확한 농산물은 일단 농민 개개인의 사적 소유가 됩니다. 하지만 농사에 사용된 토지의 소유자인 전제군주는 토지에 대한 사용료를 농민에게 징수합니다. 그런데 이 사용료가 문제가 됩니다. 전제군주는 대규모 조직을 지휘하는 데 필요한 막강한 권력을 가지고 있었고, 따라서 사용료를 마음대로 부과할 수 있었습니다. 그것을 억제할 수 있는 장치가 이 사회에서는 있을 수 없었습니다. 그 권력은 공동체 전체가 살아가기 위해서 반드시 필요한 것이었으니까요. 사용료는 결국 농민이 먹고사는 데 필요한 수준에 근접했습니다. 즉 농민이 생산한 것 가운데 먹고사는 데 필요한 것을 제외한 잉여는 거의 대부분 전제군주가 사용료로 가져가 버리는 것입니다. 그 잉여의 규모가 얼마나 엄청난 것이었는지를 보여 주는 증거가 오늘날 이들 지역에 유적으로 남아 있습니다.

이들 유적은 우리의 상상을 뛰어넘는 놀라운 것들이어서 흔히 "세

계 7대 불가사의"로 손꼽히며 퀴즈에 등장하곤 합니다. 이집트 나일강 하구에 남겨진 피라미드의 경우 가장 대표적인 것으로 손꼽히는 쿠푸왕의 것은 가로 230미터, 세로 146미터, 높이 100미터가 넘는 규모를 자랑하고 있습니다. 이 피라미드의 건설에는 2.5톤의 돌 230만 개가 사용되었다고 하며 약 10만 명이 20년 동안 공사에 동원되었다고 합니다. 기원전 215년 중국을 최초로 통일한 시황제가 처음 건설했다고 하는 만리장성은 높이 6~9미터, 너비 5~9미터로 총 길이가 무려 4050킬로미터였으며 약 30만 명이 10년 이상 공사에 동원되었다고 합니다.

이들 공사에 동원된 노동자들이 먹을 식량이 도대체 어디에서 왔을까요? 이들 공사는 식량을 생산하는 것이 아니므로 당연히 그것은

| 이집트 나일 강 하구에 있는 세계 최대 규모의 피라미드(왼쪽)와 중국 시황제가 건설한 만리장성. 세계 7대 불가사의로 꼽히는 이들 건축물은 전제군주가 농민들에게 얼마나 혹독하게 사용료를 착취했는지를 보여 주는 살아 있는 증표다. |

다른 농민들이 생산한 식량 가운데 전제군주가 사용료로 징수한 것일 테지요. 이 놀라운 건축물들은 이들 전제군주가 농민들에게서 징수한 사용료가 얼마나 엄청난 것이었는지를 설명해 줍니다.

그런데 여기에서 우리가 주목해야 할 것이 있습니다. 여가시간은 인류가 생존의 우리를 탈출하도록 만들어 준 생산력의 원천이라는 점입니다. 여가시간은 생산력을 증가시킬 방법을 생각해 내는 시간을 제공해 주고 그를 통해 보다 증가된 생산력은 여가시간을 더욱 늘려 줍니다. 인간이 동물과 구분되는 생산력의 진화를 가져오는 원천이 여가시간에 있는 것입니다. 그런데 강 하구에 위치한 동방세계에서는 이 여가시간을 제공할 잉여를 이처럼 전제군주가 생산력의 발전과 무관한

거대한 건축물의 공사에 소비해 버리지요. 물론 전제군주의 사용료가 모두 비생산적인 것에만 사용된 것은 아니고 농가에서도 잉여를 하나도 남김없이 사용료로 빼앗기지는 않았기 때문에 생산력의 진화가 전혀 없었던 것은 아닙니다. 하지만 전제군주의 막강한 권력이 잉여가 생산력의 발전에 사용되는 것을 상당히 방해했던 것은 사실이었습니다.

그럼에도 불구하고 이들 동방사회에서는 이런 경제구조가 안정적으로 유지되었습니다. 무엇보다 전제군주의 절대적 권력은 토지의 확보에 절대적으로 필요했고, 단지 사용료가 과도하지만 않으면 먹고 사는 데 문제가 없었기 때문입니다. 사용료가 과도할 경우에는 전제군주를 바꾸어서 사용료를 낮추기만 하면 경제구조를 유지하는 데 별다른 문제가 없었던 것입니다. 그런 점에서 이들 동방사회는 안정되기는 했지만 진화의 속도가 매우 느린 정체된 사회였고, 나중에 이들보다 빠르게 진화한 지중해 연안의 국가들에게 정복당하는 비극을 맞게 됩니다.

지중해 연안의 길

공산사회가 전투조직으로 진화한 지중해 연안은 강 하구의 공동체들에 비해 서쪽에 위치하고 있어서 대개 서양사회라고 불립니다. 이 지역에서는 전투가 경제구조에 결정적인 영향을 미쳤습니다. 그런데 이 지역의 전투는 주로 구릉지대에 위치한 성을 지키고 공격하는 형태였기 때문에, 넓은 평야에서 활약할 수 있는 기병이 그다지 중요하지 않았습니다. 전투의 주력은 보병이었고 보병들끼리의 전투에서는 보병 개개인의 전투능력이 승패를 좌우합니다. 그래서 여기에서는 지휘자를 중심으로 한 위계관계보다 전투원들 사이의 평등관계가 조직을 지배하는 원리로 작동하였습니다. 그리스 로마로 대표되는 이 지역의 도시국가들이 모두 민주주의의 발상지인 까닭은 바로 여기에 있습니다. 전투원들은 모두 조직의 구성원으로서 동등한 권리를 가진 시민이었던 것입니다.

그렇기 때문에 전투 결과 획득된 토지는 전투원들끼리 공평하게 나누었습니다. 앞서도 얘기했듯이 농사는 혼자 힘으로도 지을 수 있기 때문에 토지는 개인 단위로 배분되었고 그것은 개인의 소유였습니다. 전투에 참여한 사람만이 토지를 분배받을 권리를 가지고 있었고, 그래서 이렇게 분배된 토지를 '전사지분'(전사의 몫이란 뜻입니다)이라고 부릅니다. 그러나 토지를 전투원들에게 남김없이 모두 분배할 수는 없었습니다. 전투를 치르기 위해서는 성벽의 구축과 수리, 성을 공격하거나 방어하는 데 사용되는 무기와 전투기간 중에 먹어야 하는 식량 등을 마련해야 했고, 이것은 전투조직 전체가 공동으로 부담해야 했기 때문입니다. 이 비용을 조달할 수 있는 토지가 필요했습니다. 그래서 전투조직의 토지는 두 부분으로 나누어졌습니다. 하나는 조직 전체의 공동비용을 조달하는 공동체의 소유부분, 다른 하나는 전투원 개인에게 지급되는 사적 소유부분이 그것입니다.●

● 이들 지중해 연안의 도시국가가 운영되는 제도를 공화제라고 부르는데 그것은 우리가 헌법에서 채택하고 있는 민주공화국이라는 제도의 기원을 이룬다. 오늘날 고위 공직자 청문

그런데 토지를 이처럼 공평하게 나누었음에도 불구하고 농사에 결정적인 영향을 미치는 자연의 불균등성은 조직의 구성원들 사이에서 경제적 불균등성을 만들어 냅니다. 불균등성은 구성원들 사이에 채무관계를 발생시키고 자연의 변덕스러운 우연은 이런 채무관계를 더욱 심화시킵니다. "운이 없으면 뒤로 넘어져도 코가 깨진다!"는 속담도 있지 않습니까? 급기야 한 해의 수확 전체로도 누적된 빚을 갚을 수 없는 사람이 발생하고 이 사람은 자신의 토지까지 빚을 갚기 위해 내놓아야 하는 지경에 이릅니다. 그래서 노예가 발생합니다. 이 노예는 빚 때문에 만들어진다고 해서 채무노예라고 부릅니다. 그런데 사실 노예로 전락하는 이 사람은 공동체의 전투조직에서 반드시 필요한 전투원입니다.

노예는 전투원이 아닙니다. 전투를 통해 지키고 배분받아야 할 토지가 아예 없는 사람이니까요. 따라서 공동체의 입장에서 보면 전투원을 확보하기 위해 이 사람이 노예로 되는 것을 막을 필요가 있습니다. 하지만 공동체에서 개인들에게 분배된 토지 외에는 공동체 소유의 토지뿐이고 이 토지는 특정 개인을 위해 사용될 수 없습니다. 만일 이 공동체 소유의 토지를 특정 개인을 위해 사용해 버린다면 전투에 필요한 비용을 충분히 마련할 수 없게 되고 그것은 자칫 공동체가 전투에서 패하여 모든 토지를 잃게 되는 사태를 초래할 수 있습니다. 그래서 공

회 때마다 병역 문제와 세금납부 문제가 도마에 오르는 까닭은 그것이 공화제에서 공동체 구성원이 될 수 있는 필수적인 요건이었기 때문이다. 공화제에서는 병역을 수행하지 않는 사람에게는 아예 공동체 구성원으로서 '시민'의 자격이 주어지지 않았고 공동체의 비용을 마련할 세금을 납부하지 않으면 공동체로부터 추방을 당했다.

동체 소유와 사적 소유는 엄격하게 분리되어 있고 따라서 이들 공동체에서는 사적 소유에서 몰락한 사람을 구제할 방도가 전혀 없습니다. 노예는 이런 구조 때문에 발생하는 것입니다.

노예 주인에게 노예가 생산한 것은 모두 잉여로 간주됩니다. 자신이 노동할 필요가 없이 곧바로 여가시간을 제공해 주니까요. 그런데 우리가 앞서 보았듯이 인간은 노는 것을 좋아해서 여가시간을 늘리려 하고 여가시간은 다시 생산력을 더욱 발전시키는 데 사용됩니다. 여가시간은 바로 생산력의 원천인 것입니다. 그리고 이제 노예가 여가시간을 제공해 주기 때문에 노예는 곧바로 생산력을 의미하게 되었습니다. 하지만 한 사람의 노예로부터 얻을 수 있는 잉여는 사실 그다지 많지 않았습니다. 노예로부터 계속 잉여를 빼앗기 위해서는 노예가 살아 있어야 했고 그러기 위해서는 노예도 먹어야 했기 때문입니다. 고대사회의 생산력으로는 노예를 먹이고 남는 잉여가 그다지 많지 않았던 것이지요. 그래서 여가시간의 크기는 결국 노예의 숫자에 달려 있었습니다.

여가시간을 늘리기 위해서는 노예의 수를 늘려야 했습니다. 하지만 공동체 내부에서 채무노예를 만들어 내는 자연적 우연이란 확률이 매우 낮은 것입니다. 당연히 숫자가 그리 많을 수 없었지요. 다른 방법이 필요했습니다. 노예는 공동체 외부로부터 조달될 필요가 있었던 것입니다. 전쟁이 그것을 해결해 주었습니다. 전쟁은 많은 수의 포로를 만들어 내고 이들 포로는 모두 노예가 되었습니다. 예를 들어 로마는 지중해의 패권을 놓고 다투던 카르타고와의 마지막 전투에서 무려 6만 5000명의 포로를 노예로 얻었습니다. 그리하여 동방사회가 전제군주

의 절대적 지휘권 때문에 공동체 내부의 경제구조가 안정적이었던 데 반해 지중해 연안의 서양사회에서는 사적 소유의 몰락을 통한 노예의 등장과 노예의 증가를 통한 생산력의 진화가 이루어졌습니다. 그것은 새로운 경제구조의 등장과 진화였습니다.

노예제 생산의 진화와 문제점

노예가 곧 생산력이었던 지중해 연안의 고대 국가들에서는 노예의 수를 늘리는 것이 생산력을 높이는 것이었고 그것은 전쟁의 확대를 통해서 가능했습니다. 그래서 이들 지역에서는 정복전쟁을 확대하는 방향으로 진화가 이루어졌습니다. 그리스의 알렉산더 대왕은 처음으로 지중해 연안을 벗어나 동방으로 먼 정복전쟁을 떠났고 이를 통해 대량의 노예를 확보할 수 있었습니다. 전쟁에서 포로로 획득된 노예는 전투에 참여한 전투원들에게 나누어졌습니다. 전쟁에 지휘관이나 기병의 역할을 수행한 귀족들은 조금 많은 수의 노예를, 전투의 주력을 이룬 평민 보병들은 조금 적은 수의 노예를 얻었습니다. 그래서 공동체의 구성원들은 차이는 있었지만 대부분이 몇 명 이상의 노예를 가지고 있었습니다.

노예의 소유는 공동체 내에서 일반적인 현상이었던 것입니다. 자유민이 10만 명이었던 아테네에는 노예가 10만 명 있었고, 자유민이 5만 명이었던 스파르타에서는 노예의 수가 16만 명에 달했습니다. 그리스의 뒤를 이은 로마도 마찬가지였습니다. 이탈리아 반도 중부의 조그만 도시국가에서 출발한 로마는 이탈리아 반도 전체를 통일하고 당시 갈리아라고 불렸던 오늘날의 프랑스와 스페인 그리고 아프리카 북부와 이집트, 터키에 이르기까지 지중해 전역을 제패하였습니다. 전쟁을 치를 때마다 많은 수의 노예가 공급되었습니다. 전성기의 로마는 인구가 120만 명이었는데 이 중 40만 명이 노예였습니다.

노예는 농업과 수공업 등 모든 노동을 담당하였습니다. 노예 주인은 노예의 노동이 가져다주는 잉여에 의존하여 여가시간만을 누렸습니다. 당시 노동은 치욕이었습니다. 그것은 노예의 몫이었으니까요. 서양 문명의 발원을 이루는 그리스의 고매한 철학과 '꽃보다 할배'들을 감동시킨 심오한 연극과 예술은 모두 이런 노예 주인들의 여가시간에서 나온 것입니다. 원래 생존의 우리를 탈출한 인류의 특징을 이룬 노동시간과 여가시간의 구성에서 노동시간은 모두 노예의 몫으로, 여가시간은 전적으로 노예 주인만의 몫으로 분리되었습니다.• 이런 경제구조를 노예제라고 부릅니다. 정복전쟁이 이어지고 그것을 통해 노예가 계속 공급되는 한 이 경제구조는 눈부신 발전을 거듭해 갈 수 있었습니다.

하지만 이런 경제구조에는 한계가 있었습니다. 무엇보다 정복전쟁이 한계에 도달하면서 노예의 공급이 줄기 시작했습니다. 정복할 토지가 무한히 존재하는 것이 아닐 뿐만 아니라 전쟁에서 반드시 필요한 보급 문제 때문에 국경에서 멀리 떨어진 곳의 원정은 어려웠습니다.

• 최근 인공지능 알파고의 등장으로 많은 사람들이 로봇으로 인한 미래의 일자리를 걱정하고 있다. 그런데 노예제를 떠올리면 이 문제의 해답은 금방 보인다. 로봇이 인간의 노동을 담당하면 인간은 노예제에서 노예 주인처럼 여가시간만을 사용하면 되기 때문이다. 그럴 경우 인간의 직업은 주로 여가시간 부문인 예술, 철학, 문학, 체육 등이 될 것이다. 물론 그렇게 되기 위해서는 이들 로봇이 개인의 소유가 아니라 사회 전체의 소유라야만 할 것이다. 지금 우리가 사는 경제구조를 바꾸어야만 하는 것이다.

또한 정복한 토지가 늘면서 그만큼 길어진 국경선을 지키는 데 필요한 전투원의 숫자도 늘어났습니다. 하지만 고대 국가의 전투원은 시민권을 가진 사람에게만 한정되어 있었고 무한히 늘어날 수 없었습니다. 노예제 내부에도 문제가 있었습니다. 노예가 생산한 것은 모두 잉여로 간주되었고 노예 주인은 노예가 생명을 유지하는 데 필요한 부분까지도 빼앗아 버렸습니다. 당연히 노예는 부족한 영양 상태에서 과도한 노동에 시달려야 했습니다. 수명이 짧을 수밖에 없었지요. 짧게는 1년 길어야 2~3년을 넘기기 어려웠습니다.

게다가 노예는 결혼을 시키지 않았습니다. 결혼을 통해 태어난 노예아기는 생산을 수행할 수 있을 만큼 성장할 때까지 먹여야 하고 노예 주인에게 그것은 수입은 없이 지출만 이루어지는 구조니까요. 또한 검투사처럼 여흥에 사용된 노예는 경기가 열릴 때마다 경기에서 패한 절반이 목숨을 잃었습니다. 이처럼 노예는 급속히 소비되었습니다. 결국 노예의 공급이 소비에 비해 턱없이 부족한 상황이 누적되어 갔습니다. 노예의 가격이 급등하였고 노예에 의존한 생산은 수익을 내기 어려워졌습니다. 경제적으로 몰락하는 전투원이 늘어났고 이들은 누적된 빚 때문에 공동체로부터 분배받은 토지(전사지분)를 채권자에게 빼앗기거나 심한 경우 노예(채무노예)로 전락하는 경우도 많았습니다. 전투조직에서는 지킬 재산이 있는 사람만이 전투에 참가하기 때문에 이들은 모두 이제 더는 전투원이 될 필요가 없었습니다. 이런 전투원의 감소는 노예공급의 감소를 가져오고 그것은 다시 생산력의 하락을 가져왔습니다. 노예제 생산은 더 이상 지속되기 어려워졌습니다.

노예가격
젠장…
망했다!

노예제 생산의 몰락

전투조직의 노예제로의 진화는 사적 소유를 토대로 한 것이었습니다. 사적 소유의 불균등성이 처음 노예를 만들어 냈고 전쟁을 통해 획득된 노예도 개인별로 분배되어 사적 소유를 이루었으니까요. 그런데 이런 사적 소유는 원래 공동체 소유를 전제로 한 것이었습니다. 공동체가 없다면 채무의 빌미가 된 전사지분의 토지도, 전쟁을 통해 획득된 노예도 모두 애초에 존재할 수 없기 때문입니다. 정복전쟁이 확대되고 있는 동안에는 새롭게 획득된 토지와 노예를 공동체 소유와 사적 소유로 나누는 데 아무런 문제가 없었습니다. 둘 모두 증가할 수 있었으니까요. 원래 이익을 나누는 데에는 경제문제가 발생하지 않는 법입니다. 새롭게 획득된 토지와 노예의 배분비율은 보통 공동체가 3분의 1, 사적 소유가 3분의 2였습니다. 그래서 공동체 소유와 사적 소유는 서로 조화롭게 공존할 수 있었습니다.

하지만 정복전쟁이 한계에 봉착하자 공동체 소유와 사적 소유는 대립적인 성격을 드러냈습니다. 이제는 정복이 아니라 기존의 토지와 재산을 지키는 것이 문제가 되었습니다. 대체로 예수님이 태어난 시기의 로마가 바로 그러했습니다. 외적으로부터 공동체를 방어하는 데에는 비용이 들어갑니다. 새로운 수입이 없는 상태에서 이 비용은 공동체 내부의 구성원들이 나누어 부담해야 합니다. 오늘날 우리가 세금이라고 부르는 것입니다. 그것은 이익이 아니라 비용을 부담하는 문제입니다. 누가 이것을 좋아하겠습니까? 당연히 가능한 한 모두 부담을 적게 지려고 합니다. 사적 소유의 불균등성을 감안한다면 부자인 귀족이 더 많은 비용을 부담하고 상대적으로 가난한 평민이 적게 부담해야 하겠지만 사적 소유에는 탐욕이라는 괴물이 숨어 있습니다. 오늘날에도 부자일수록 재산을 둘러싼 가족들 간의 분쟁이 더 많지 않습니까?

그리스에서도 로마에서도, 부자인 귀족들이 더 부담을 하려 하지 않았습니다. 당연히 공동체는 방어에 필요한 비용을 충분히 마련하지 못하고 국경선이 뚫리면서 외적의 침입과 약탈에 허술해졌습니다. 공동체의 운명을 걱정하는 정직한 애국자들이 이를 개혁해 보고자 노력했지만 모두 귀족들의 사적인 탐욕에 가로막히고 말았습니다. 그리스에서는 기원전 6세기 솔론의 개혁이 실패하였고, 로마에서는 기원전 2세기 그라쿠스 형제가 개혁을 위해 노력했으나 오히려 귀족들에게 공격을 받아 살해되고 말았습니다. 사적 소유는 처음 공동체의 성립과 발전을 가져온 동력이었지만 이제 공동체의 운명을 위협하는 암적 존재가 되고 말았습니다. 사적 소유에 매몰되어 공동체의 방어가 소홀해지면서 국경선은 무너지고 결국 지중해 연안의 마지막 전투조직이었던 로마는 국경을 뚫고 진격해 온 게르만족에 의해 멸망하고 말았습니다. 귀족들이 그리도 애지중지했던 그들의 사적 소유는 어떻게 되었을까요? 하나도 남김없이 약탈되었습니다.•

• 오늘날 고위공직자의 임명 청문회에서 단골 메뉴가 되고 있는 세금 회피 문제가 왜 심각한 문제인지를 로마의 역사적 사례를 통해 짐작할 수 있다. 그것이 우리 사회 전체를 망하게 만드는 길이기 때문이다. 우리는 이미 일제의 식민지 지배를 통해 우리 사회가 망한 참혹한 경험(위안부 할머니와 같은)을 한 적이 있다. 그런데 사적 소유에 탐욕스러운 사람이 우리 사회의 공직을 맡으면 어떻게 되겠는가?

3 고대 국가는 왜 중세의 암흑시대로 바뀌었나

깨어진 평화와 새로운 변화

어느 날 밤 호랑이가 마을에 내려와 어떤 집 외양간에 숨어 있다가 우는 아이를 달래는 어머니의 소리를 엿들었습니다. 어머니가 "호랑이가 왔다. 울지 마라"라고 하는데도 아이가 계속 울자 호랑이는 내심 자기를 무서워하지 않는 대담한 아이라고 생각했습니다. 그런데 어머니가 이번에는 "곶감 줄게, 울지 마라"라고 하니 아이가 단번에 울음을 뚝 그쳤습니다. 깜짝 놀란 호랑이는 곶감이란 놈이 자신보다 더 무서운 존재라고 생각하게 되었다고 합니다. 민간에 전해 내려오는 우리의 설화이지요. 그런데 유럽에도 이와 비슷한 설화가 있습니다. 그것은 "훈족이 온다!"라는 말입니다. 아이의 울음을 멈추게 하는 특효약으로 사용된 이 말은 로마가 멸망할 무렵 침입해 들어온 야만족 가운데 특히 악명이 높았던 훈족에 대한 두려움을 가득 담고 있습니다. 훈족은 포로로 잡은 적군의 머리 가죽을 벗겨 허리에 차고 다녔다고 합니다. 침략자에 대한 이런 두려움은 유럽 사람들에게 공동체의 의미를 뼈아프게 되새기는 교훈으로 남았습니다.

팍스 로마나(pax romana), 로마 공동체가 누리던 평화를 상징하

는 말입니다. 원래 지중해 연안의 고대 국가들은 언덕 위에 성채를 쌓고 적으로부터 자신들을 지키는 전투조직에서 출발하였습니다. 즉 공동체는 안전을 보장하는 조직이었던 것입니다. 그런 조직에서 제국으로 진화한 로마도 공동체의 안전을 최우선으로 삼았고 국경선의 방어에 온 힘을 기울였습니다. 로마황제의 가장 중요한 책무는 바로 이 국경선을 굳건하게 지키는 일이었습니다. 그렇기 때문에 철인황제로 알려진 아우렐리우스는 반평생을 게르만 전선의 국경선을 지키는 일에 바쳤고, 또 다른 현명한 황제 하드리아누스는 영국과 게르만 전선의 방벽을 구축하는 일에 평생을 보냈답니다.• 그래서 로마의 국경선 내부는 전혀 군대가 주둔할 필요가 없이 완벽한 치안을 이루었고 사람들은 어디든 안전하게 이동할 수 있었습니다. 팍스 로마나는 바로 그것을 가리키는 말이었습니다.

로마의 멸망은 이런 안전을 보장하는 공동체가 사라졌다는 것을 의미하였습니다. 지중해 연안 지역은 이제 어디도 안전하지 않게 되었습니다. 곳곳에 구멍이 뚫린 국경선을 통해 유럽 동쪽으로부터 야만족이라고 불린 이민족들이 물밀 듯이 로마의 영토 안으로 쏟아져 들어와 약탈과 살인을 마음대로 저질렀습니다. 농사를 짓는 것은 물론 몸을 숨기고 목숨을 부지하기도 어려웠습니다. 모두 사적 소유에 대한 집착이 가져온 결과였습니다. 이제 사람들에게 가장 중요한 것은 살아

• 오늘날에도 대통령은 국방의 최고책임자로 헌법에 명시되어 있다. 그런데 우리나라의 초대 대통령 이승만은 6.25 전쟁 때 국경선을 지키기는커녕 국민들을 버리고 혼자서 도망을 갔다. 그런데도 우리 사회 일각에서는 이승만을 국부로 추앙하려는 움직임이 있다. 〈조선일보〉가 대표적인 곳이다. 참으로 개탄스러운 일이 아닌가?

남는 일이었고 최소한의 안전과 굶주림을 면하는 일이었습니다. 과거 안전을 보장해 주었던 전사공동체로 돌아갈 필요가 있었습니다. 사람들은 마을 단위의 소규모 집단으로 다시 뭉쳤습니다. 그런데 과거와 같이 중무장 보병을 주력으로 하는 전사공동체로 되돌아갈 수는 없었습니다.

전쟁의 양상이 바뀌었기 때문입니다. 국경선이 무너지면서 침입해 들어온 이민족은 보병 중심의 군대가 아니라 기병 중심의 군대였습니다. 이들 기병과 대항할 수 있는 전사공동체 내 기병은 소수의 귀족뿐이었습니다. 농사를 짓던 사람이 무기만 들면 곧바로 보병 전투원이 될 수 있지만 기병은 말을 타는 것에서 말 위에서 무기를 다루는 법까지 오랜 기간 고도의 훈련을 필요로 합니다. 따라서 기병은 직업군인이라야 했습니다. 그래서 귀족은 이제 전투에만 전념하면서 공동체의 안전을 책임지고 평민들은 농사에 전념하여 귀족의 생계를 책임지는 형태로 분업이 이루어졌습니다. 평민들은 과거 전투원으로서 공동체로부터 받았던 전사지분의 토지를 귀족에게 바치고 그 대신 자신의 안전을 보장받게 되었습니다. 모든 토지는 귀족의 소유가 되었고 평민들은 귀족에게 예속되었습니다. 그리하여 귀족은 영주가 되었고 농민은 농노가 되었습니다. 이런 사회를 봉건제 사회라고 합니다. 노예제 사회는 봉건제 사회로 바뀌었습니다.

잉여에서 자급으로의 전환

노예제 생산의 경제적 목표는 잉여를 얻는 것에 있었습니다. 노예 주인은 자신의 노동시간을 모두 노예에게 넘기고 자신은 노예의 여가시간을 빼앗아 오로지 여가만을 즐겼습니다. 일을 하지 않고 놀기만 했으니 얼마나 좋았겠습니까? 달콤한 시대였지요. 물론 노예 주인에게만 해당되는 것이긴 했지만요. 그러나 이제 그런 좋은 시절은 끝났습니다. 봉건사회의 경제적인 목표는 목숨을 부지하는 일이었습니다. 강도가 들끓고 있는 상황에서 다른 마을과 교류를 하는 것은 목숨을 걸어야 하는 매우 위험한 일이었으므로 모든 마을은 제각기 고립된 형태로 혼자서 모든 경제문제를 해결해야 했습니다. 말하자면 자급을 목표로 했던 것입니다. 흔히들 봉건제 사회의 시기를 '암흑시대'라고도 부르는데 그것은 사람들이 고립된 마을에서 꼼짝도 하지 않은 채 마을 바깥의 물정에 깜깜했기 때문이랍니다.

영주를 중심으로 이처럼 독립된 경제단위를 이룬 마을을 장원이라고 부릅니다. 그래서 봉건제를 장원경제라고도 합니다. 장원의 경제적 목표는 잉여가 아니라 자급입니다. 그런데 유럽의 토

지는 지중해 연안 일부 지

역을 제외하곤 대부분 매우 척박합니다. 이처럼 척박한 토지를 경작하여 자급을 달성하기란 매우 어려운 일이었습니다. 가능한 모든 인력이 농업생산에 투입될 필요가 있었습니다. 농업부문 이외의 비생산적 경제활동은 모두 영주의 허가를 통해 엄격하게 규제되었습니다. 상업은 거의 금지되다시피 했고 수공업도 필요한 만큼만 극히 최소한의 범위로 제한되었습니다. 과거의 노예처럼 외부에서 인력이 조달될 수 없기 때문에 생산에 투입될 인력은 장원 내부에서 지속적으로 재생산되어야만 했습니다. 그래서 농노는 일회용처럼 쓰다 버릴 수 있는 노예와는 달랐습니다.

농노는 재생산되어야 했고 그러기 위해 무엇보다 결혼을 해서 자식을 낳아 키울 수 있어야 했습니다. 닭이 달걀을 낳고 소가 송아지를 낳아 스스로를 재생산하듯이 말입니다. 생산인력을 확보하기 위해 농노의 자식은 반드시 농노가 되어야 했습니다. 그래서 종교의 이름을 빌린 신분제도가 도입되었습니다. 모든 사람의 직업은 하느님이 그 태생을 통해 미리 결정해 두었다는 것입니다. 하느님의 이런 계획을 어기면 천벌을 받을 것이라는 협박도 곁들여졌습니다. 고귀한 혈통은 따

로 정해져 있으며 "송충이는 솔잎을 먹고 살아야 한다!"는 것이지요. 영주를 포함한 장원의 모든 구성원들은 일주일에 한 번 반드시 교회에 출석하여 신부님으로부터 이런 내용의 교육을 귀에 못이 박히도록 받아야 했습니다.•

현실적으로 농노의 재생산을 위해 장원의 토지 가운데 경작지는 크게 두 부분으로 나뉘었습니다. 하나는 영주의 수입을 이루는 부분(직영지라고 합니다)이고 다른 한 부분은 농노들에게 분배되는 부분(분할지라고 합니다)이었습니다. 분할지는 농노가 자신의 가족을 부양할 정도의 크기로 주어졌는데 대개 약 2~3만 평에 달하는 면적이었습니다. 농노들은 일주일 가운데 3일을 영주의 직영지에서, 나머지 3일을 자신의 분할지에서 농사를 지었습니다. 하루는 휴일로 교회의 예배에 참석하였습니다. 직영지의 수확은 영주의 소유, 분할지의 수확은 농노 개인의 소유가 되었습니다. 경작지 외에 장원에는 영주와 농노가 함께 이용하는 공유지가 있었습니다. 땔감을 위한 숲, 가축을 기를 수 있는 목초지, 농사에 사용할 물을 모아 둔 연못, 황무지 등이 바로 그것입니다. 농노들은 분할지와 공유지의 생산물로 가족을 먹여 살렸습니다.

영주가 없이는 토지가 존재할 수 없기 때문에 모든 토지는 영주의 소유가 되었습니다. 하지만 그것이 영주의 사적 소유라고 할 수는 없었습니다. 왜냐하면 이들 토지는 영주 개인이 혼자 힘으로 만들어 낸

• '분수를 알아야 한다'라든가 '좋은 집안, 가문'이라는 얘기는 바로 여기에서 비롯된 것이다. 그것은 봉건제에서 자신들의 경제력을 지키기 위해 지배계급이 지어낸 얘기로써 오늘날 그것에 얽매일 이유는 전혀 없다.

것이 아니라 과거에 전사공동체가 집단적으로 만들어 내어 로마에서 계승된 것으로서 그 구성원들이 토지의 안전을 위해 위탁한 것에 불과했기 때문입니다. 직영지를 제외한 분할지는 영주의 간섭 없이 농노들이 과거 전사공동체 때와 마찬가지로 집단적으로 관리했습니다. 토지는 비옥도에 따라 나누어진 다음 해마다 마을 전체 회의에서 추첨을 통해 그해의 경작자가 결정되었습니다. 그래서 장원의 전체 토지는 사실상 공동소유였습니다. 경작지를 제외한 나머지 토지와 자연자산(숲, 강, 연못 등)이 모두 공동소유였던 것이 바로 그것을 말해 줍니다. 그것은 사적 소유에 집착하며 공동체 소유를 소홀히 한 결과 공동체 자체가 멸망한 그리스 로마의 경험을 교훈으로 되새긴 결과이기도 했습니다. 장원경제는 사적 소유를 배척하고 공동체 소유를 기본원리로 삼는 경제구조입니다.

장원경제의 진화

달콤한 시절은 가고 이제 자급만을 겨우 목표로 삼게 되긴 했지만 장원경제의 생산력은 노예제 생산에 비해 높아질 가능성을 품고 있었습니다. 우선 노예는 생산물 모두를 주인에게 빼앗겼기 때문에 생산력을 높이는 데 아무 관심이 없었지만 농노는 분할지의 수확물이 자신의 소유였기 때문에 생산력을 높이기 위해 자연스럽게 열심히 노력하였지요. 사회 전체적으로 생산에 종사하는 사람의 수도 늘어났습니다. 과거에는 노예만 생산에 종사했지만 이제는 구성원 거의 모두가 생산에

종사하게 되었으니까요. 사실 정복전쟁이 사라지면서 노예도 함께 사라졌기 때문에 그럴 수밖에 없기도 했습니다. 또한 생산력을 높이는데 사용할 여가시간을 노예는 주인에게 남김없이 빼앗겼지만 농노는 절반만 빼앗겼기 때문에 사회 전체의 생산력이 늘어날 여지도 커졌습니다. 노예제 생산보다는 농노에 의한 생산이 사회적 생산력을 보다 높일 수 있었던 것입니다.

토지는 영주를 대표로 하는 공동소유였지만 생산의 중심인 농업생산은 집단이 아니라 개인 단위로 이루어졌습니다. 그래서 장원경제는 공동소유에 개별생산의 구조를 보였습니다. 경작지 자체가 직영지와 분할지로 구분되어 있었기 때문에 분할지의 수확물은 자연스럽게 농노 개인의 사적 소유가 되었습니다. 토지의 공동소유와 생산물의 사적 소유가 병행하는 구조를 이루고 있었던 것입니다. 그런데 시간이 지나면서 농노의 생산력이 증가하기 시작했습니다. 생산력을 높일 유인이 존재하고 높일 수 있는 여가시간이 주어졌기 때문에 그것은 당연한 결과였습니다. 높아진 생산력은 분할지에만 적용되었습니다. 직영지의 수확물은 농노의 소유가 되지 않으니까요. 그리고 무엇보다도 농노가 직영지보다는 자신의 분할지에서 더 열심히 일을 했으리라는 것을 우리는 쉽게 짐작할 수 있지요. 결국 직영지의 수확과 분할지의 수확이 차이가 나기 시작하였고 그 격차는 갈수록 벌어졌습니다.

영주는 분통이 터졌지만 어찌할 도리가 없었습니다. 직영지에서 농사를 직접 짓는 것은 결국 농노들이었으니까요. 영주는 골똘히 머리를 굴려 보았습니다. 직영지에도 높아진 생산력이 적용되기 위해서는 그것이 분할지에서 나오는 이익과 농노에게 차이가 없게 느껴져야 하겠지요? 영주는 직영지도 분할지로 농노에게 나누어 주기로 하였습니다. 그 대신 직영지의 사용료를 농노에게서 받기로 하였습니다. 그리고 그 사용료는 전체 토지의 평균수확을 기준으로 책정하였습니다. 영주의 수입은 높아진 생산력만큼 늘어날 수 있었습니다. 토지사용료는 수확된 농산물이었습니다.

그런데 생산력의 변화는 토지의 분배구조만 바꾸지 않았습니다. 그것은 자급을 목표로 하는 장원경제의 성격도 근본적으로 바꾸기 시작하였습니다.

원래 농노에게 분배된 분할지는 봉건사회가 시작될 당시의 생산력을 기준으로 농노가 가족들과 함께 생계를 영위할 정도의 크기였습니다. 2~3만 평 정도의 크기였지요. 그런데 생산력이 증가하면서 농노는 자신의 분할지에서 조금씩 잉여를 얻기 시작하였습니다. 거기에 영주의 직영지가 추가되었습니다. 영주의 직영지에서도 토지사용료를 주고 남는 잉여가 계속 늘어났습니다. 농가에는 점차 잉여가 쌓여 갔습니다.• 그런데 잉여를 쓸 곳이 없었습니다. 잉여는 내가 소비하고 남은 것을 가리키고 따라서 나에게 그것은 더 이상 쓸모가 없습니다. 그것은 교환되어야 합니다. 잉여의 발생은 곧 교환의 필요성이 생겼다는 것을 의미하는 것입니다. 하지만 봉건사회는 물건과 사람의 이동이 중

• 농가에 쌓이는 잉여는 농노가 노동을 수행한 것에 비례하였다. 일을 열심히 한 만큼 잉여가 늘어났기 때문인데 이는 생산과 소비가 일치하는 경제구조가 바탕이 되어서이다. 그래서 이런 경제구조에서는 개미와 베짱이의 우화가 통용된다. 하지만 생산과 소비가 분리되면 우화는 더 이상 통용될 수 없게 된다. 자본주의에서 이 우화가 더는 유효하지 않은 이유이다.

단되고 따라서 교환도 멈춘 사회입니다.

교환이라는 불씨

'필요는 발명의 어머니'라고 하던가요? 이 문제의 돌파구를 마련한 사람들이 있었습니다. 바로 상인들입니다. 원래 봉건사회에서 상인은 자급에 도움이 되지 않기 때문에 영주들에게 별로 환영받지 못했습니다. 상업은 억제되고 홀대를 받았습니다. 사실 비슷한 물건밖에 생산되지 않는 지중해 연안의 장원들 사이에는 교환할 물건도 별로 없었습니다. 하지만 동방지역의 사정은 달랐습니다. 동방과 서양은 자연조건이 전혀 다르고 따라서 서로 교환할 물건이 많았습니다. 로마시대부터 동방과 서양을 이어 주는 시장은 지중해의 동쪽 끝에 있었습니다. 오늘날의 시리아, 요르단, 팔레스타인이 대표적인 지역들이지요. 상인들은 바로 이 동방과의 교역을 개척하였습니다. 지중해 연안의 베니스와 제노아의 상인들이 앞장을 섰습니다.

봉건사회 초기에는 대부분의 장원이 자급의 달성도 어려웠기 때문에 상인들이 가져온 동방의 물건을 교환할 수 있는 장원은 극소수였습니다. 곳곳에 들끓는 도적들 때문에 장원을 찾아다니는 일도 매우 위험했습니다. 그런데 영주를 중심으로 장원들의 방어체계가 갖추어지자 들끓던 도적들도 어딘가에 정착을 해야만 먹고살 수 있게 되었고 이들은 모두 장원에 편입되었습니다. 유럽 전체는 안정을 되찾고 치안이 조금씩 회복되었습니다. 그리고 생산력이 발전하고 잉여가 증가하면서 잉여를 교환하려는 움직임들이 조금씩 늘어났습니다. 각 장원에서는 일요일마다 장원 전체 주민이 모이는 교회 앞을 중심으로 시장이 형성되었습니다. 동방상인들의 발걸음도 점차 유럽 전역으로 확대되고 분주해졌습니다.

동방상인들의 노력으로 유럽 전역이 시장으로 연결되고 이들 시장에서 모아진 물건들이 동방과 교역되었습니다. 시장을 연결하는 길은 물길이 용이했습니다. 육로는 무수히 많은 장원을 거쳐야 했고 이들 장원을 지나가려면 영주에게 일일이 통과료를 지불해야 했습니다. 게다가 각 장원은 오랜 기간 이웃과 소통하지 않고 고립적으로 살아왔기 때문에 장원과 장원을 연결하는 육로도 마련되어 있지 않았습니다. 그래서 유럽 중앙을 흐르는 라인 강이 주요 교역로가 되었습니다. 그런데 라인 강과 동방에서 물건을 가져오는 지중해의 항구 사이에는 높다란 알프스가 가로막혀 있었습니다. 해발 3000미터를 넘는 준봉들이 이어진 알프스를 넘는 길은 13세기 초 상트 고타르트 고개(해발 2106미터)를 통해 열렸습니다. 라인 강과 알프스 길의 연결로 동방과 유럽은 완전히 연결되고 상업은 본격적인 궤도에 올라섰습니다.

그런데 이런 상업의 발전은 자급을 원칙으로 삼고 있던 봉건사회의 구조에 근본적인 변화를 불러일으켰습니다. 봉건사회에서는 생산과 소비가 모두 똑같은 장원 내에서 이루어집니다. 장원에서 생산된 물건은 모두 장원 안에서 소비됩니다. 생산과 소비는 일치합니다. 그런데 상업은 장원 안에서 생산된 물건을 바깥으로 가지고 나가 다른 사람이 소비하도록 하고 장원 바깥에서 생산된 물건을 가져와서 소비

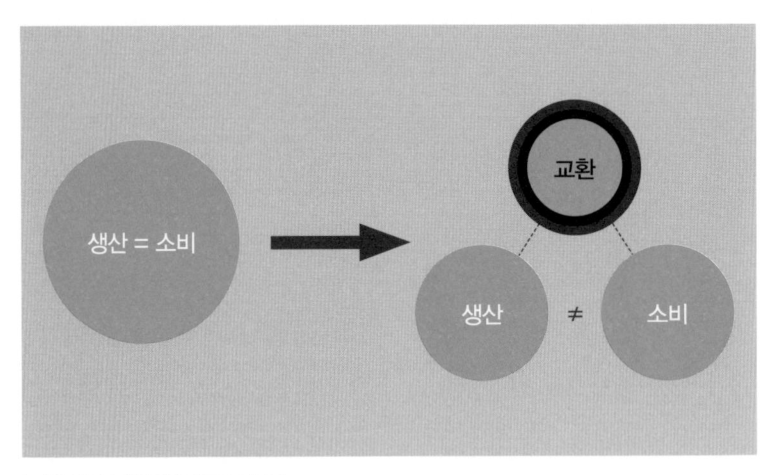

| 자급에서 교환 중심으로의 변화 |

시킵니다. 상업은 생산과 소비의 중간에 끼어들어 이 둘을 분리시키는 것입니다. 이것을 교환경제라고 부릅니다. 교환을 통해 우물 안처럼 좁고 갑갑하기만 했던 장원은 장원 바깥의 넓디넓은 세상과 연결되었습니다. 넓은 바깥세상에는 새롭고 진기하고 좋은 물건들이 넘쳐 났습니다. 상인들의 주된 고객이었던 영주의 지출이 늘어날 수밖에 없었습니다.

자급구조에서 영주의 생활수준은 일반 농노에 비해 별로 높지 않았습니다. 장원 내에서 농노가 생산한 물건을 똑같이 나누어 썼을 뿐이니까요. 물론 양적으로는 좀 풍족했겠지만 그것도 지나치게 많을 필요도 없었습니다. 많아 보아야 어디 교환할 곳도 없었으니 쓸데없이 쌓아 두는 수고만 할 뿐이었으니까요. 그러나 이제는 사정이 달라졌습니다. 수입만 많으면 얼마든지 사들일 수 있는 진기한 물건들이 풍부하게 공급되었지요. 영주가 자신의 직영지를 농노에게 넘겨주고 토지 사용료를 좀 더 많이 얻으려고 한 것도 바로 이런 이유 때문입니다.

그러나 그것은 사실 장원경제의 근본구조에 변화를 가져오는 것이었습니다. 직영지가 사라지면서 토지에 대한 영주의 소유권과 생산의 결과물에 대한 농노의 사적 소유가 완전히 별개의 것으로 분리되어 버렸습니다. 그것은 영주와 농노의 관계가 단순히 토지사용료를 주고받는 경제적 관계로 바뀌었다는 것을 의미합니다. 그것은 상하의 예속관계가 아니라 대등한 교환관계를 의미합니다. 그리하여 자급을 목표로 신분적 예속관계에 기초해 있던 봉건제 사회는 해체의 길로 접어들었습니다.

4 중세는 어떻게 붕괴했는가

두 가지 충격

"근처에 사냥을 나왔다 잠시 길을 잃었는데 혹시 물 한 잔을 얻어 마실 수 있을까요?"

사냥복 차림의 훤칠한 대장부 한 사람이 말에서 내리더니 우물가에 있던 처녀에게 말을 걸었습니다. 처녀는 버들잎을 하나 따더니 물을 뜬 표주박에 띄워 사내에게 권했습니다. 버들잎이 자꾸 입가에 닿는 바람에 물을 불어 가면서 한 모금씩만 마셔야 하던 사내가 버들잎을 띄운 이유를 처녀에게 물었습니다. 그러자 처녀는 이렇게 답했습니다.

"사냥을 하며 달려오시느라 숨이 고르지 못한데 급히 물을 마시다 체하지 않도록 일부러 버들잎을 띄운 것이랍니다."

사내는 처녀의 지혜에 감복을 하였습니다. 조선을 건국한 이성계가 그의 둘째부인 강 씨를 만난 일화라고 합니다. 이처럼 우물가는 고립된 마을 사람들이 외부 사람과 만나는 접촉지점이었습니다. 그리고 이런 접촉이 생산과 소비를 분리시키는 교환의 시작이기도 했습니다. 교환은 경제적 자급으로 굳게 닫혀 있던 봉건제의 문을 조금씩 열어 나갔습니다.

이런 교환의 확대를 통해 점차 해체의 길로 접어들고 있던 봉건사회를 결정적으로 무너뜨린 것은 두 가지 요인이었습니다. 하나는 장기간의 전쟁이었고 다른 하나는 역병이었습니다. 이들 둘은 모두 생산과 소비의 균형을 심각하게 깨뜨렸고 자급에 토대를 두고 있던 장원경제를 무너뜨렸습니다. 서막은 전쟁으로부터 시작되었습니다. 로마제국이 멸망한 이후 동방의 물품을 거래하는 시장이었던 지중해 서쪽 지역은 7세기부터 이슬람교를 신봉하는 셀주크튀르크의 지배하에 들어가 있었습니다. 그런데 11세기 말 셀주크 왕조가 내분에 휩싸이면서 세력이 약화되자 이를 틈타 이 지역을 자신의 지배하에 두고자 했던 로마교황이 군대를 조직하였습니다. 명백한 침략전쟁이었기 때문에 적당한 구실이 필요했습니다. 기독교의 성지를 회복한다는 명분을 내세운 정복군은 예수님을 상징하는 십자가를 깃발로 내걸었고 십자군으로 불렸습니다.

전쟁은 1096년부터 1291년까지 무려 200년간 이어졌고 결과는 참담한 패배였습니다. 전쟁에는 많은 비용이 들어갑니다. 전쟁에서 이기면 약탈물을 통해서 이들 비용을 벌충할 수 있지만 전쟁에서 지면 이들 비용은 속절없이 허공으로 사라집니다. 십자군 전쟁은 200년 동안이나 헛된 비용을 날렸습니다. 전쟁에는 기사였던 영주들이 주로 동원되었고 영주들은 이 비용을 장원의 농노들에게서 조달하였습니다. 생산력이 조금씩 발전하여 약간의 잉여가 발생하고 있긴 했지만 이 장기간의 전쟁에 들어간 막대한 비용을 충당하기에는 턱없이 부족했습니다. 생산능력에 비해 과도하게 이루어진 지출로 장원경제의 자급구조는 흔들리기 시작했습니다.

그런데 이 전쟁이 끝나자마자 이번에는 유럽 내에서 영국과 프랑스 사이에 왕위계승을 둘러싼 전쟁이 발생하였습니다. 전쟁은 유럽에서 가장 넓은 농토를 가진 프랑스에서 벌어졌고 1337년부터 1453년까지 무려 116년 동안 이어졌습니다. 프랑스 소녀 잔 다르크와 관련된 백년전쟁이라고 알려진 것이지요. 십자군 전쟁은 그나마 전쟁터가 유럽 바깥이었기 때문에 물자의 유출만이 문제였지만 이제는 전쟁 그 자체로부터의 피해를 피할 수 없게 되었습니다. 오가는 군대들에 의한 일상적인 약탈은 기본이었고 전쟁터로 변한 농지가 황폐화되고 농사를 짓는 데 필요한 가축이나 사람의 피해도 막대하였습니다. 생산이 타격을 받아 크게 감소할 수밖에 없었고 그에 반해 약탈과 지출은 크게 늘어났습니다. 이미 흔들리고 있던 장원경제의 자급구조는 더욱 심각한 위험에 빠져들었습니다.

전쟁은 그것으로 끝나지 않았습니다. 백년전쟁이 끝나자마자 이번에는 영국에서 왕권을 놓고 영주들 사이에 전쟁이 발발했습니다. 가문의 문장으로 붉은 장미를 사용하던 랭커스터 가문과 흰 장미를 사용하던 요크 가문 사이에 벌어진 이 전쟁은 1455년부터 1485년까지 30년 동안 이어졌습니다. 두 가문의 문장이 모두 장미였기 때문에 이 전쟁은 장미전쟁이라고도 부릅니다. 장미전쟁은 백년전쟁을 막 치른 영국의 장원경제에 다시 심각한 타격을 입혔습니다.

그런데 '엎친 데 덮치는' 격이라고 해야 할까요? 계속해서 이어진 전쟁으로 기진맥진해 있는 유럽의 장원경제에 마지막 결정타가 가해

| 1697년 황제 레오폴트 1세가 비엔나 그라벤스트라쎄에 세운 페스트탑. 탑 가까이에서 보면 페스트로 고통받는 사람들의 모습이 적나라하게 표현되어 있다. |

졌습니다. 끔찍한 역병이었습니다.

다뉴브 강변에 위치한 아름다운 오스트리아의 수도 비엔나 중심에는 조금 특이한 탑이 하나 세워져 있습니다. 페스트 탑(Pestsäule)이라고 불리는 것입니다. 페스트가 격퇴된 것을 기념하는 비석이랍니다. 이 탑은 오랜 전쟁 끝에 다시 밀어닥친 이 역병이 얼마나 끔찍하게 기억되었는지를 상징적으로 보여 주고 있습니다. 오죽하면 탑을 세울 정도였겠습니까? 그 끔찍했던 기억 때문에 현대에도 난치병으로 알려진 에이즈를 '현대판 페스트'라고 부르기도 했답니다. 이전에도 페스트는 종종 유럽에 창궐하곤 했지만 대개 겨울에 추위가 찾아오면 저절로 사라지곤 했습니다. 그런데 백년전쟁이 한창이던 1347년 유럽을 덮친 페스트는 연이은 이상난동으로 겨울이 되어도 기세가 수그러들지 않았습니다. 이상난동은 1351년까지 4년 동안 이어졌고 이 기간 동안 당시 유럽 인구 약 7500만 명 가운데 2400만 명이 목숨을 잃었다고 합니다.

역병으로 인한 인구의 감소는 장원경제의 핵심을 이루는 농사를 지을 인력이 그만큼 감소한 것을 의미합니다. 이런 인력 감소는 당연히 생산의 감소를 가져오고 그것은 이미 과도한 지출로 균형이 깨어진 자급구조에 치명타를 가했습니다. 생산과 소비의 균형이 깨어지고 생산은 소비를 충당할 수 없게 된 것입니다. 수입이 지출을 따라잡을 수 없어 적자가 발생하면 우리는 부족한 부분을 외부에서 빚을 끌어다 메꿔 일단 문제를 해결합니다. 그런데 전쟁과 역병은 유럽 거의 전 지역을 남김없이 휩쓸었고 유럽 대부분의 장원은 적자에 허덕이게 되었습니다. 빚을 끌어다 쓸 이웃이 거의 남아 있지 않았던 것입니다. 먹고살 수 있는 방법이 어디에도 보이지 않았습니다. 유럽은 절대 절명의 곤경에 처하게 된 것이지요. 그러나 '하늘이 무너져도 솟아날 구멍이 있다'고 하던가요? 솟아날 구멍은 수도원의 금서목록에 이름을 올리고 있던 한 권의 책 속에 있었습니다. 마르코 폴로의《동방견문록》이라는 책이었지요.

마르코 폴로의 〈동방견문록〉

1295년 도시국가 베니스의 성문 앞에 남루한 행색의 한 나그네 일행이 나타났습니다. 오랜 여행에 시달린 기색이 분명한 이들은 유럽 어디에서도 볼 수 없는 특이한 차림을 하고 있었습니다. 1271년 17세의 나이에 고향을 떠났던 마르코 폴로 일행이었습니다. 24년 만에 귀향한 마르코 폴로는 쿠빌라이 칸이라는 사람이 통치하는 동방의 나라에 머물다 돌아왔다고 주장하였습니다. 그런데 당시 유럽에서는 아직 로마제국 시절의 서쪽 국경선인 티그리스 강과 유프라테스 강 너머의 동쪽 지역에 대한 정보가 전혀 알려져 있지 않았습니다. 특히 로마가 멸망한 이후 장원 단위로 고립된 형태로 살아가던 유럽 사람들은 교황을 우두머리로 하는 교회의 지배를 받고 있었습니다. 교회는 모든 사람의 신분이 하느님에 의해 미리 결정되었으며, 이런 기독교 교리를 따르는 지중해 연안이 세계의 전부라고 가르쳤습니다. 그 바깥은 야만의 세계이고 하느님에게 버림받은 세계라고 가르쳤던 것이지요.

그런데 마르코 폴로는 쿠빌라이 칸이 통치하는 나라가 지중해 연

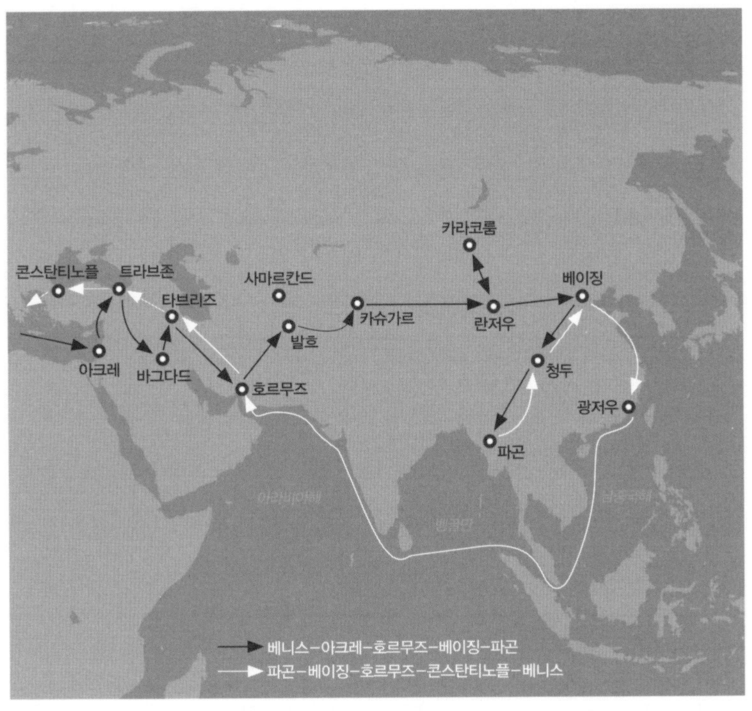

| 24년 만에 귀향하는 마르코 폴로 일행과 그들이 여행한 경로. 마르코 폴로의 여행기를 담은 《동방견문록》은 유럽이 세계의 전부라는 인식을 깼을 뿐만 아니라 장원경제가 중심이 되었던 중세를 무너뜨리는 시발점이 되었다. |

안 전체를 합친 것보다 훨씬 클 뿐만 아니라 그 생활과 문화의 수준이 유럽 사람들은 상상도 하지 못할 만큼 높고 풍요롭다고 얘기했습니다. 그도 그럴 것이 그가 만났다고 주장한 쿠빌라이 칸은 칭기즈칸의 손자로서 중국을 통일하여 원나라를 세운 사람으로 인류 역사상 가장 넓은 지역을 지배하였습니다. 우리에게는 고려를 정복한 악연이 있는 사람이기도 하지요. 마르코 폴로는 쿠빌라이 칸의 총애를 받아 그의 궁성에서 17년간 머물면서 숱한 지역의 사신들이 칸에게 가져다 바치는 갖가지 진기하고 풍요로운 물건들을 가까이에서 지켜보았던 것입니다. 베니스 사람들은 너무도 황당해 보이는 그의 얘기를 제대로 믿지 않았습니다. 그는 자신의 얘기를 입증하기 위해 중국에서 가져온 몇 가지 보석들을 내보였습니다.

당시 베니스는 유럽에서 가장 상업이 활발한 도시였고 따라서 보석에 대한 정보도 가장 많았던 곳입니다. 그런데 어떤 보석상도 마르코 폴로가 가져온 보석에 대해서는 아무 정보도 갖고 있지 않았습니다. 그의 얘기가 신빙성은 떨어지지만 적어도 베니스 상인들이 가 본 적이 없는 곳이라는 사실은 분명했습니다. 그런데 그가 귀국한 지 얼마 지나지 않아 지중해의 해상권을 놓고 베니스와 제노아 사이에 전쟁이 벌어졌습니다. 해군으로 복무한 마르코 폴로는 포로가 되어 제노아의 감옥에 갇혔습니다. 감옥에서 무료한 시간을 때우느라 동료들이 그에게 그의 황당한 여행담을 들려달라고 보챘습니다. 그가 얘기를 시작하자 마침 감방에 같이 갇혀 있던 사람 가운데 루스티켈로라는 시인이 그의 얘기가 글로 기록해 둘 만한 가치가 있다고 생각했습니다. 루스티켈로는 간수에게서 종이와 펜을 얻어 마르코 폴로의 얘기를 글로 옮겨 적었습니다. 이 글을 묶은 책이《동방견문록》입니다.

하지만《동방견문록》의 얘기는 당시 유럽 사람들에게 황당한 얘기였고 무엇보다 위험한 책이었습니다. 유럽이 세계의 전부라고 가르치던 기독교의 교리와 위배될 뿐만 아니라 교황보다 훨씬 부유하고 넓은 지역을 통치하는 통치자가 유럽 바깥에 있다는 사실은 유럽의 정신세계를 지배하고 있던 교회로서는 도저히 묵과할 수 없는 일이었으니까요. 교회는《동방견문록》을 일반 사람들이 절대 읽어서는 안 되는 금서로 묶어 두었습니다. 그런데 교회가 그렇게 절대시하던 하느님의 세상인 유럽이 자급의 기초가 무너지면서 이제 더 이상 먹고살 수 없는 세상이 되고 말았습니다. 유럽의 바깥 어디에선가 살아갈 수 있는 방법을 찾아야만 했습니다. 그리고《동방견문록》은 바로 그 바깥세상에 대한 정보를 한껏 담고 있는 책이었지요. 그래서 이 금서는 이제 복음서로 바뀌었습니다.

상업의 시대

《동방견문록》은 자급이 붕괴한 장원경제를 대체할 수 있는 새로운 경제의 돌파구를 열어 주었습니다. 유럽에서 더 이상 벌충할 수 없는 부족한 물자를 조달할 수 있는 곳은 동방이었습니다. 마르코 폴로가 일러 준 동방은 쿠빌라이 칸의 통치지역 가운데 가장 풍요로운 인도와 중국이었습니다. 동방에서 그 물자를 조달하는 방법은 단 하나, 유럽에서 가져간 물건과 교환하는 방법이었습니다. 상업이었지요. 물론 십자군 전쟁에서 사용해 보았던 약탈이라는 매우 손쉬운 방법이 있었지만 그것은 쓰라린 패배의 교훈만을 남겨 주었습니다. 게다가 마르코 폴로가 알려 준 쿠빌라이 칸의 나라는 너무 멀리 떨어져 있고 너무나 강력해 보였습니다. 유럽에서 부족한 물자를 조달하기 위해 많은 상인들이 마르코 폴로가 알려 준 길을 따라 동방으로 향했습니다. 그런데 문제가 있었습니다. 마르코 폴로가 알려 준 길은 너무 위험하고 오래 걸리는 길이었습니다.

마르코 폴로가 처음 중국으로 갈 때 걸린 시간은 3년 반이었습니다. 아라비아 사막을 횡단하여 파미르고원을 거쳐 돈황에 이르는 육로였습니다. 중간에 몸이 아파 휴양을 취한 기간이 약 반년이었다고 하니 실제 여행에 걸린 시간은 3년이었습니다. 돌아올 때 그는 갈 때와는 달리 동중국해와 인도를 거쳐 인도양을 건너는 바닷길을 이용했는데 이것도 역시 3년이 걸렸습니다. 오고 가는 데 6년이 걸리는 길입니다. 더구나 육로로 움직일 경우 십자군 전쟁 이후 원수 사이가 된 이슬람교도들의 땅을 지나야 합니다. 너무 오래 걸리는 길인 데다 목숨이 위태로운 위험까지 도사리고 있었지요. 좀 더 안전하고 빠른 길을 찾아야 할 필요가 있었습니다. 그것은 아프리카를 돌아 인도양을 횡단하는 바닷길이었습니다.

많은 모험가들이 도전과 실패를 거듭한 끝에 1497년 드디어 포르투갈의 바스쿠 다가마가 인도까지 가는 항해에 최초로 성공했습니다. 그보다 조금 이른 1492년에는 제노아 출신 항해가 콜럼버스가 동방으로 가는 지름길을 찾느라 대서양을 횡단하다 아메리카 대륙을 발견하기도 했습니다. 동방으로 가는 항로가 열리면서 유럽은 본격적인 동방과의 교역에 나섰습니다. 유럽의 부족한 물자는 교환을 통해 동방으로부터 조달될 수 있었습니다. 교환에는 막대한 이익이 발생하였습니다. 처음 보는 진기한 물건들은 구매한 곳보다 판매한 곳에서 훨씬 비싸게 팔 수 있었기 때문입니다. 유럽의 물건을 동방에 가져가서 비싸게 팔고 동방의 물건을 유럽에 가지고 와서 다시 비싸게 팔 수 있었습니다. 실제로 최초의 교역을 수행한 바스쿠 다가마는 단 한 번의 항해에서 60배의 이익을 보았습니다.

수입과 지출의 균형이 깨지면서 곤경에 빠졌던 장원경제는 적자를 메울 방법을 찾았습니다. 유럽 전체는 너도나도 동방과의 교역에 열을 올리게 되었습니다. 대항해의 시대라고 불리는 시기가 도래한 것입니다. 상업의 확대는 자급에 기초해 있던 유럽의 장원경제를 통째로 바꾸어 버렸습니다. 자급적인 장원경제는 농업생산에 기반을 두고 있고 그것은 토지와 노동력에 의해 결정됩니다. 따라서 토지를 소유하고 농노를 거느린 영주가 경제의 주도권을 쥐고 있었지요. 그런데 이제 부를 가져다주는 것은 농업이 아니라 상업이 되었고 경제의 주도권은 상인의 수중으로 넘어가 버렸습니다. 원래 농노는 생계를 위해 농사를 안전하게 지을 필요가 있었고 그 안전을 보장해 줄 영주에게 자신의 토지와 신체를 모두 위탁하였습니다. 그런데 이제 그의 생계를 보장해 줄 사람은 영주가 아니라 상인이 되어 버렸습니다.

상인은 동방에 가져갈 물건을 농노에게 주문했고 상업의 확대와 더불어 그 주문 물량은 계속 늘어났습니다. 물론 농노는 농사가 주업이기 때문에 농사를 지으면서 남는 시간에 상인의 주문을 수행했지만 주문을 위한 시간은 점차 늘어났습니다. 영주에게 예속되어 있던 농노는 점차 상인에게 더욱 의존하게 되었습니다. 그리하여 농노가 담당하고 있던 생산의 성격이 변해 갔습니다. 자급이 아니라 교환을 목표로 하는 생산으로 바뀐 것이지요. 농노는 영주로부터 벗어나고 영주는 점차 몰락하기 시작했습니다. 농노 없는 영주는 아무것도 아닙니다. 종업원 없는 사장이 아무것도 아니듯이 말입니다. 여기에 영주의 몰락을 재촉하는 또 하나의 결정적인 사건이 발생하였습니다.

상업이 확대되면서 보다 편리한 교환을 위해 화폐가 등장하였고 이 때문에 영주가 농노에게서 받는 토지사용료는 생산물에서 점차 화폐로 바뀌었습니다. 일정한 화폐액수가 토지사용료로 정해진 것입니다. 당시의 화폐는 주로 은으로 주조되었습니다. 그런데 동방으로 가는 항로를 찾다 우연히 발견된 아메리카 대륙의 멕시코와 페루 지역에서 어마어마한 은광이 발견되었습니다. 엄청난 양의 은이 유럽으로 유입되었고 은으로 주조된 화폐의 값어치가 폭락하였습니다. 폭락은 1530년부터 시작되어 약 1세기 후에는 화폐가치가 4분의 1로 줄어 버렸습니다. 영주의 토지사용료 수입도 그만큼 감소

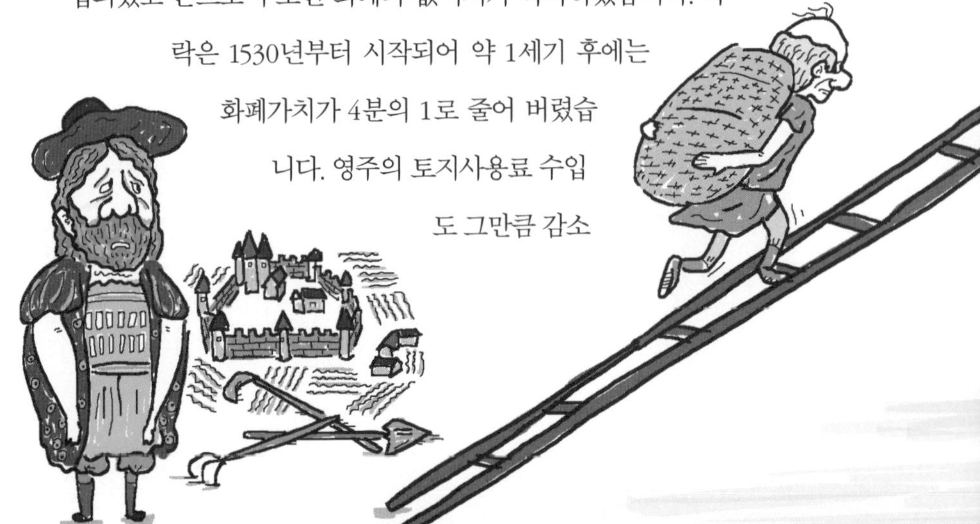

이제 곧 출항할 거야~
꾸물거리지 말고,
빨리빨리 움직여~!

해 버리고 영주는 경제적으로 더욱 위축되었습니다. 영주의 이런 몰락은 곧 봉건사회의 몰락과 새로운 사회의 등장을 의미하였습니다. 그러나 그 변화는 곧바로 이루어지지 않았습니다. 밤과 낮 사이에는 새벽이 있듯이 봉건사회가 새로운 사회로 이행하기 전에 과도적인 시대가 있었습니다. 절대주의라고 부르는 시대입니다.

과도기의 공백

줄다리기 경기에서는 양측의 힘이 비슷할수록 더욱 흥미가 높아집니다. 이와 비슷한 경기가 많은데 씨름이나 소싸움도 그렇습니다. 이들 경기의 묘미는 한동안 양측의 힘이 팽팽하게 맞서다가 어느 순간 갑자기 균형이 무너지는 데에 있습니다. 양측의 힘이 비슷하여 누구도 상대를 압도하지 못하면 그 순간 일종의 힘의 진공상태가 만들어집니다. 힘이 가해지고 있긴 하지만 그것이 반대 방향의 힘에 의해 상쇄되어 소멸해 버리기 때문입니다. 그래서 쌍방이 모두 온몸의 근육을 곤두세우고 땀을 뻘뻘 흘리고 있음에도 불구하고 양측 모두 꼼짝도 하지 않은 채로 정지해 있는 것처럼 보입니다. 봉건사회의 몰락 과정은 이런 힘의 공백상태를 만들어 냈습니다. 바로 이 공백상태가 과도기를 만들어 냈지요.

봉건사회는 신분사회입니다. 신분의 서열은 경제적 목표인 자급을 기준으로 정해졌습니다. 가장 윗자리에는 지배자로서 영주와, 종교를 통해 그의 지배를 정당화하는 승려가 있습니다. 그다음 자리에는 모든 부를 직접 생산하는 농노가 있고 농노 다음에는 농노가 생산한 물건을 가공하는 수공업자가 있습니다. 제일 마지막에 생산도, 가공도 하지 않고 단지 교환만 수행하는 상인이 자리하고 있습니다. 우리나라도 경제적인 구조가 유럽의 봉건사회와 비슷했기 때문에 상인이 가장 아래에 위치하는 사농공상이라는 신분서열이 있었습니다. 자급이란 생산과 소비가 곧바로 일치하는 경제구조를 가리킵니다. 거기에는 교환이라는 경제적 기능이 존재하지 않습니다. 상인은 이런 자급에 아무런 도움도 되지 않기 때문에 가장 천대받았던 것입니다.

그런데 상업의 시대는 경제의 주도권을 영주에게서 상인에게로 넘겨주었습니다. 영주의 힘은 쇠퇴하게 되었고 상인은 점차 강성해지기 시작했습니다. 하지만 아무리 시대가 달라졌다고는 해도 봉건사회가 지속된 수백 년 동안 영주는 유럽을 지배하던 계급이고 상인은 가장 낮은 계급이었습니다. '부자가 망해도 삼대는 먹고산다'는 속담도 있지 않습니까? 주도권은 곧바로 넘어간 것이 아니라 그것을 넘겨주지 않으려고 몸부림치는 영주와 그것을 빼앗으려는 상인 사이에 치열한 힘겨루기로 이어졌습니다. 그리하여 쇠퇴하는 영주의 힘과 성장하는 상인의 힘이 거의 엇비슷해진 시점, 그래서 양측 모두 상대를 압도하기 어려워서 힘의 공백상태가 만들어진 시점이 되었습니다. 이처럼 팽팽한 힘의 균형 상태에서는 외부에서 약간의 힘만 보태도 균형 상태가 허물어질 수 있습니다.

누가 이들의 균형 상태에 힘을 더해 줄 수 있었을까요? 사회의 주도권을 다투는 싸움에 개입할 수 있는 단 한 사람, 바로 영주들의 우두

머리였던 국왕이었습니다. 봉건사회에서 전투는 기병 중심으로 이루어졌고 이들 기병이 곧 영주였습니다. 전쟁에는 거기에 참여한 영주들의 토지가 걸려 있었습니다. 전쟁에 이기려면 기병을 많이 확보해야 했고 따라서 전쟁을 주도하는 사람은 자신의 편에 서는 기병들에게 당연히 충분한 대가를 지불해야 했습니다. 기병들이 영주였기 때문에 대가는 전쟁에서 획득한 토지를 나누어 주는 일이었습니다. 전쟁을 지휘한 사람은 영주들의 우두머리로서 국왕으로 추대되었지만 획득한 토지를 자신이 모두 가질 수는 없었습니다. 가능한 모든 토지를 나누어 한 명이라도 더 기병을 확보해야만 국왕의 지위를 유지할 수 있었으니까요. 그래서 국왕도 일반 영주들과 별반 다를 바 없이 자신의 독립된 장원을 하나 가지고 있었을 뿐이었습니다. 국왕과 영주의 관계는 단순히 신뢰에 기반을 둔 위계관계였을 뿐 실질적으로는 대등한 수평관계였던 것이지요.•

국왕의 등장, 그리고 몰락

영주와 상인 사이에 발생한 힘의 공백상태는 국왕에게 기회가 되었습니다. 국왕에게 손을 먼저 내민 쪽은 상인이었습니다. 그럴 만한 이유가 있었습니다. 봉건사회에서 상인들의 주된 고객은 영주였습니다. 그

• 영국에 봉건제를 만든 최초의 국왕인 아서왕은 자신의 기사들과 서열의 구분이 없도록 원탁에 앉았던 것으로 유명하다. 봉건제하에서 국왕과 영주의 관계를 보여 주는 대표적인 사례라고 할 수 있다.

런데 영주가 경제적으로 몰락하면서 상인들은 새로운 고객을 찾아야 할 필요가 있었습니다. 새로운 고객은 장원 바깥의 시장에 있었고 그것은 동방이었습니다. 그런데 새로운 시장인 동방과 교역하기 위해서는 먼 항해 길을 가야만 했습니다. 육로보다는 덜 위험했지만 여전히 폭풍이나 해적을 만날 위험이 있었습니다. 이런 항해 길을 오가기 위해서는 무장을 갖춘 해군과 튼튼한 군함이 필요했습니다.•• 실제로 인도로 가는 최초의 항해에 성공한 바스쿠 다가마는 포르투갈의 제독이었고 그가 타고 간 배는 군함이었습니다. 이런 해군과 군함을 조달할 능력을 가진 사람은 국왕뿐이었습니다.

한편 국왕도 상인과 손을 잡을 이유가 있었습니다. 국왕이 영주를 대등하게 대우한 까닭은 영주가 두 가지 일을 해 주었기 때문입니다. 하나는 국왕을 위해 장원에서 세금을 거두어 주는 일이었고(농노들이 내는 토지사용료 가운데 일부를 영주들이 국왕에게 세금으로 냈습니다) 다른 하나는 국왕이 소집하면 언제든지 달려와서 전투에 참여하는 일이었습니다. 영주는 징세와 병역의 두 가지 봉사를 제공하고 그 대가로 국왕으로부터 토지를 얻었던 것입니다. 그런데 기병에 의존하던 전투의 양상이 바뀌어 버렸습니다. 머스킷이라고 불린 총이 등장한 것입니다. 1525년 이탈리아에서 벌어진 파비아 전투는 이제부터 전투의 승패가 기사가 아니라 총에 의해 결정된다는 것을 보여 주었습니다. 총은 아

•• 바다의 해적은 지금도 여전해서 소말리아 해적들 때문에 우리 정부에서는 우리 해군 소속의 청해함을 파견하였다. 바다에 이처럼 해적이 계속 출몰하는 이유는 바다는 국경선을 구획 짓기 어렵기 때문이다. 그래서 국경선은 대개 강이나 산맥과 같은 자연의 지형을 이용하는 경우가 많았다.

무나 간단한 교육만으로 쉽게 다룰 수 있었고 문제는 많은 총을 제조할 수 있는 돈이었습니다. 국왕에게는 이제 기사가 아니라 돈이 필요했고 그것을 조달해 줄 수 있는 사람은 돈을 버는 방법을 아는 상인이었습니다.

국왕은 상인과 손을 잡았습니다. 국왕의 비호를 받은 상인은 외국과의 교역을 독점하여 막대한 이익을 챙겼고 그것을 국왕과 나누어 가졌습니다.• 국왕은 상인에게서 얻은 돈으로 영주의 전투력을 대신할 소총부대를 창설하고 각 장원에는 영주 대신 세금을 거둘 관리를 파견하였습니다. 할 일이 없어진 영주를 장원에 그대로 두는 것은 위험했습니다. 불만을 품은 영주가 장원에서 국왕 몰래 소총부대를 조직할 가능성이 있으니까요. 영주는 국왕이 사는 도성으로 불려와 도성에서 거주하게 되었습니다. 영주의 아내는 왕비를 모시는 시녀로 볼모가 되었고 영주는 종일 국왕 옆에서 하인처럼 따라다니며 그를 모시는 신세가 되었습니다. 장원에서 올라오는 토지사용료 수입은 국왕이 시키는 대로 갖가지 사치와 연회비용으로 소비해야 했습니다. 영주는 꼼짝없이 국왕에게 절대 복종하는 처지가 되었습니다.

절대적인 권력을 장악한 이런 국왕을 절대군주라고 부르고 그가 통치하는 이런 체제를 절대주의라고 부릅니다. 절대주의는 자급 중심의 장원경제를 상업 중심의 경제로 바꾸었습니다. 국왕의 경제적 기반

• 이른바 정경유착이라고 부르는데 지금도 그 관행은 이어져서 여전히 위력을 발휘하고 있다. 정치인들이 경제인들로부터 뒷돈을 받고 그 대가로 공동체의 경제적인 이권을 넘겨주는 것이 비로 그것이다. 우리나라에서도 2015년에 건설업을 하던 기업가와 관련된 '성완종 리스트'란 사건이 터져 당시의 국무총리가 낙마를 하는 사건이 발생하기도 했다.

은 상업이 되었고 국가의 모든 정책은 상업을 발전시키는 데에 맞추어졌습니다. 이런 정책과 그것을 뒷받침하는 이론을 중상주의라고 부릅니다. 그것은 최초의 경제학이기도 합니다. 원리는 단순합니다. 상업이란 물건을 사고파는 것이고 값싸게 구매하여 비싸게 팔면 수익이 납니다. 결국 가격의 차이로부터 이익을 얻는 것인데 상품의 가격은 구매하는 사람과 판매하는 사람의 비율에 따라 변동합니다. 구매하는 사람이 많으면 가격은 올라가고 판매하려는 사람이 많아지면 가격은 떨어집니다. 따라서 유럽과 동방의 시장을 비교하여 이런 가격의 차이가 큰 상품을 찾아서 싼 곳에서 비싼 곳으로 상품을 옮기면 가격차이로부터 이익을 얻게 되는 것입니다.

유럽과 동방은 자연조건이 완전히 다른 지역입니다. 유럽은 목축과 과수농사가 중심인 데 반해 동방은 곡물농사가 중심입니다. 그래서 한곳에서 흔해 빠진 물건이 다른 곳에서는 매우 귀한 경우가 많습니다. 모피나 양모는 유럽에서 흔하지만 동방에서는 귀하고, 후추나 비단은 동방에서 흔하고 유럽에서 귀합니다. 그래서 모피나 양모를 유럽에서 동방으로, 후추나 비단을 동방에서 유럽으로 옮기면 커다란 가격차이가 발생합니다. 이런 상업을 통해서 절대군주는 막대한 이익을 얻을 수 있었습니다. 그런데 이런 이익은 양측의 교환이 활발해져서 옮기는 상품의 양이 늘어나면 점차 줄어들게 되어 있습니다. 구매와 판매의 격차가 점점 줄어들어 가격의 차이도 감소할 테니까요. 결국은 물건을 옮겨도 아무런 이익이 발생하지 않는 시점이 오고 맙니다.

그리고 국왕은 원래 장원경제에 익숙한 사람입니다. 장원경제에

King

서 영주는 농노의 생산물 가운데 일부를 받아다 쓰기만 하는 사람입니다. 그는 군인이고 생산에는 아무런 관심도 없는 사람입니다. 생산된 것을 가져다 쓰는 데에만 익숙한 것이지요. 그 원천이 농노의 생산물에서 상업의 이익으로 바뀌었을 뿐 그는 여전히 쓰는 데에만 익숙했습니다. 그런데 이제 상업에서 이익이 줄어들기 시작하자 그는 궁지에 몰렸습니다. 그는 상인과 함께 나누던 이익을 자신이 더 많이 차지해야겠다고 생각하였습니다. 상인은 당연히 반발하였고 국왕과 상인의 충돌은 이제 피할 수 없게 되었습니다. 그런데 국왕의 도움으로 영주와의 싸움에서 승리한 상인은 이미 국왕도 함부로 넘볼 수 없을 만큼 세력이 커져 있었습니다. 국왕과 상인의 싸움은 상인의 승리로 끝나고 절대주의는 막을 내렸습니다. 상인이 영주와 국왕을 대신하여 세상의 주인이 된 새로운 세상이 열렸습니다. 바로 자본주의가 시작된 것입니다. '헬조선'의 시대도 그와 함께 열렸습니다.

2장

자본주의, 어떻게 태어나 성장했을까

사적 소유의 확립은 돈벌이에서 번 돈을 빼앗아 갈 사람이 이제는 더 존재하지 않게 되었다는 것을 의미합니다.
돈벌이를 방해하는 것은 이제 제거되었고
자유로워진 돈벌이의 주도권을 쥔 상인들이 세상의 주인이 되었습니다.
교환을 통한 차익에서 노동시간의 차익으로 돈벌이의 방법을 바꾼 상인들을 자본가라고 부릅니다.
그래서 이들이 주인이 된 새로운 세상을 자본주의라고 부릅니다.
바로 지금 우리가 살고 있는 세상, '헬조선'이라고 부르는 세상입니다.

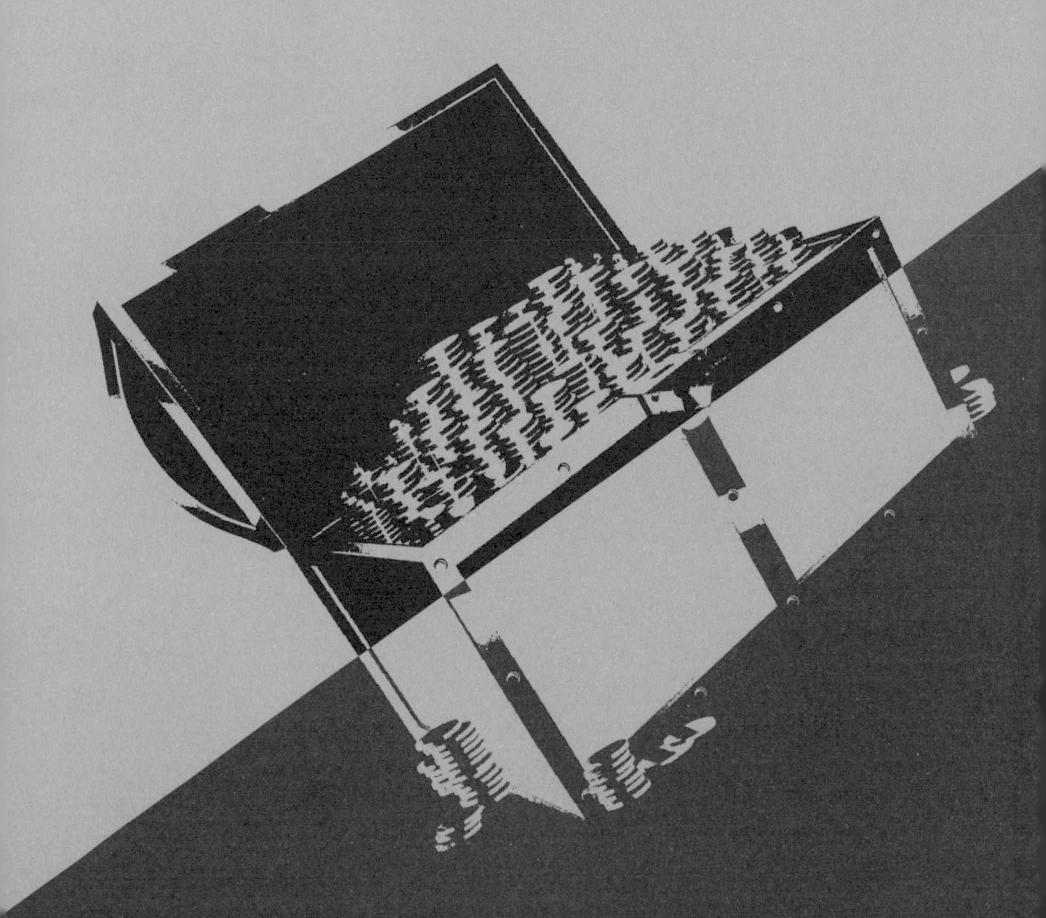

1 출생 전야

돌에서 영혼으로

"황금을 보기를 돌같이 하라!" 고려 말 백성들로부터 높은 추앙을 받던 최영 장군께서 남긴 유명한 말이지요. 후대의 많은 사람이 좌우명으로 삼으면서 지금까지 전해 내려오고 있는 경구입니다. 그런데 오늘날 이 말을 좌우명으로 삼는 사람이 있을까요? 혹시 그런 사람이 있다면 주위로부터 비웃음을 받지 않을까요? 고위 공직자의 청문회 때마다 단골로 등장하는 것이 투기와 탈세입니다. 우리 사회에서 출세한 사람들이 얼마나 황금에 목을 매고 있는지를 보여 주는 증거이지요. 그래서 이런 말도 있습니다. "황금이라면 영혼도 살 수 있을 것이다!" 상업의 시대를 연 콜럼버스가 한 말입니다. 한 세기 정도의 시차를 가졌을 뿐인 이들 두 사람이 이처럼 전혀 상반된 얘기를 한 까닭은 무엇일까요? 그것은 경제의 구조 때문입니다. 최영 장군은 유럽의 봉건사회와 마찬가지인 자급경제에서 살았지만 콜럼버스는 교환경제로의 변화를 주도한 사람이기 때문입니다.

자급에서 교환으로 경제의 중심이 바뀌면서 사람들의 가치관에도 근본적인 변화가 발생했습니다. 황금을 돌처럼 볼 수 있는 견해가

존경받다가 이제는 황금이 영혼도 살 수 있을 만큼의 위력을 가진 존재로 정착하게 된 것입니다. 돈맛을 알게 되었다고나 할까요? 상업은 돈을 벌어다 주었고 사람들은 벌어들인 돈에 한껏 취했습니다. 실제로 상업의 시대에 벌어들인 돈의 상당 부분은 상인과 손을 잡은 국왕이 차지하였습니다. 국왕은 갑자기 돈방석에 앉게 되었습니다. 갑자기 돈을 번 사람을 우리는 졸부라고 부르는데 이런 사람은 돈 자랑이 하고 싶어 못 견디는 법입니다. 유럽의 국왕들이 바로 그러했습니다. 오늘날 유럽을 여행해 보면 그리스 로마 시대의 유적은 대부분 폐허로 변해 버렸고 봉건사회의 영주들이 살던 성은 일부 남아 있긴 하지만 거의 아무런 장식이나 미술품이 남아 있지 않아 별로 구경거리를 제공해 주지 못합니다.

유럽에서 볼거리로 손꼽히는 것은 교회를 제외하면 대부분 절대주의 시절 국왕들이 살던 궁전입니다. 가장 대표적인 것이 프랑스의 베르사유 궁전인데 그 내부의 사치 때문에 많은 사람들의 얘깃거리로 오르내리지요. 궁전의 정원 곳곳에 위치한 분수대의 거대한 조각들이 모두 금으로 칠해져 있어서 그것만으로도 프랑스 국왕의 돈 자랑 냄새를 물씬 맡을 수 있답니다. 러시아의 에르미타주, 독일의 상수시, 오스트리아의 쇤브룬 등도 모두 그런 궁전으로 널리 알려져 있습니다. 물론 국왕의 이런 돈은 모두 상인에게서 흘러나온 것입니다. 우리가 이미 보았듯이 상인들이 벌어들인 돈의 원천은 가격차이였고 상업의 확대를 통해 가격차이는 점차 줄어들었습니다. 교환은 지속가능한 돈벌이의 원천이 아니었던 것이지요.

| 프랑스의 절대군주 루이 14세가 지은 베르사유 궁전 정원에 있는 라톤의 샘. 거대한 궁전 전체를 휘감은 호화로움은 당시 국왕의 경제력이 얼마나 거대했는지 가늠하게 하는데, 이것을 가능하게 했던 것이 상인이었다. |

'스님이 고기 맛을 알고 나면 절간의 빈대가 남아나지 않는다'는 우스개 얘기가 있지요. 돈맛을 어디 고기 맛에 비길 수 있겠습니까? 이미 돈맛을 단단히 본 상인들은 당연히 지속가능한 돈벌이의 원천을 찾고자 했습니다. 교환이 아니라면 그 원천을 어디에서 찾을 수 있을까요? 중상주의에서 시작된 경제학이 이 문제를 탐구하여 해답을 찾아냈습니다. 그것은 인간의 노동시간이었습니다. 교환이 중심이 된 사회에서는 노동시간이 부의 원천이며 그것은 아무리 퍼내어도 끊임없이 솟아나는 샘물과 같은 것임을 경제학은 밝혀냈습니다. 노동시간이 이런 지속적인 돈벌이를 만들어 내는 원리에 대해서는 다음 장에서 설명할 것입니다. 여기에서는 우선 이 새로운 돈벌이가 일정한 조건을 필요로 하고 있었다는 점에 대해 얘기하고자 합니다.

노동시간이 돈벌이의 원천이 되기 위해서는 노동시간을 사고팔 수 있어야 했습니다. 돈벌이라는 것이 결국 사는 것과 파는 것 사이의 차이에서 만들어지기 때문입니다. 그런데 상인들이 새로운 돈벌이 방법에 눈을 돌렸을 때 노동시간은 사고팔 수 있는 것이 아니었습니다. 사람은 노동을 수행할 능력을 가지고 있고 이 능력을 노동력이라고 합니다. 노동력을 소비하면 노동시간이 만들어집니다. 한 시간 소비하면 한 시간의 노동시간이, 두 시간 소비하면 두 시간의 노동시간이 만들어집니다. 그런데 노동력은 사람의 몸속에 있고 몸에서 분리해 낼 수 없습니다. 따라서 노동시간을 팔기 위해서는 노동력의 소유주가 자신의 몸의 주인이어야 합니다. 하지만 당시 노동력의 소유주인 농노들의 몸은 영주의 소유였습니다. 농노를 영주로부터 해방시키지 않으면 새로운 돈벌이는 그림의 떡이었습니다.

거지의 시대

'거지가 되기 위해서는 면허증이 필요하다!' 누가 지어낸 우스개 얘깃거리가 아닙니다. 노동시간을 사고팔 수 있도록 하기 위해 만들어진 코미디 같은 역사적 사실입니다. 농노의 해방이 그 발단이었습니다. 농노는 원래 봉건사회가 시작될 무렵 안전을 위해 자신의 토지와 몸을 영주에게 맡긴 사람들입니다. 그 대가로 영주는 자신의 몫을 공제한 나머지 토지를 이들에게 다시 나누어 주었습니다. 그것은 토지와 결부된 일종의 약속이었던 것입니다. 농노가 영주로부터 벗어난다는 것은 거기에 딸린 토지도 함께 잃는다는 것을 의미합니다. 이 과정은 영국에서 가장 먼저 이루어졌고 영주의 주도하에 진행되었습니다. 즉 영주가 농노에게서 토지를 빼앗고 이들을 해방시킨 것입니다. 역사에서는 대개 인클로저 운동이라고 알려진 것으로 15세기에서 17세기 사이에 이루어졌습니다. 원인은 계속된 상업의 발전으로 영주의 경제가 어려워지고 영주들이 이를 스스로 타개하려 한 탓이었습니다.

우리는 앞서 생산력이 발전하면서 영주가 자신의 직영지를 농민들에게 나누어 주고 그 대신 토지사용료를 받게 되었다고 얘기한 바 있습니다. 농민은 수확한 농산물, 혹은 그 농산물을 판 대금을 영주에게 토지사용료로 납부하였습니다. 농산물은 주로 곡물이었습니다. 15세기가 되면서 상업의 시대가 열리자 영국에서는 외부와의 교역이 급격히

늘어났습니다. 그런데 아메리카 대륙에서는 원주민인 인디언들로부터 모직물에 대한 수요가 많았습니다. 모직물의 원료인 양모는 살아 있는 양의 털을 일 년에 한 번 깎아서 조달하기 때문에 수요가 늘어난다고 공급도 따라서 금방 늘어나기 어려운 물건입니다. 양모의 가격이 급등했습니다. 영주들은 자신의 땅에 곡물 대신 양을 키우면 수입을 훨씬 늘릴 수 있다고 생각했습니다.

영주들은 자신의 직영지는 물론 봉건사회 초기부터 농노들에게 나누어 주었던 분할지와 공유지까지 모두 회수하여 목초지로 전환해 버렸습니다. 농민들은 하루아침에 수백 년 동안 농사를 지어 오던 땅에서 쫓겨났습니다. 영주와의 약속이 깨어지면서 농노는 자유의 몸이 되었지만 그 자유에는 토지로부터 쫓겨나는 것이 포함되어 있었습니다. 농노는 벌거벗은 몸뚱이밖에는 가진 것이 없게 되었습니다. 노동력을 팔아야 하는 사람이 된 것이지요. 이제 노동시간을 통한 돈벌이를 할 수 있는 조건이 갖추어졌습니다.

그러나 아직 시간이 더 필요했습니다. 상인들이 이들 노동력을 사용할 준비 태세를 채 갖추지 못했기 때문입니다. 그 준비는 18세기가 되어서야 비로소 갖추어지기 시작합니다. 농촌에서 쫓겨난 농노들은 도시에서 일자리를 구할 수 없었고 이들은 모두 거지가 될 수밖에 없었습니다. 런던이나 파리 같은 유럽의 주요 도시들에 거지가 넘쳐 나 도시 전체 인구의 4분의 1에서 3분의 1에 이르기도 했습니다.

아직 충분한 준비가 이루어지지 않았음에도 불구하고 거지는 노동력의 매매를 통한 돈벌이를 방해하는 것임에 틀림없었습니다. 몸이 자유롭게 해방되었다 하더라도 거지가 되면 노동력을 팔지 않을 것이니까요. 거지가 되지 못하도록 만들 필요가 있었습니다. 그래서 법이 만들어졌습니다. 이른바 '거지면허법'입니다. 거지가 되려면 국왕이 발행한 면허증이 있어야 했고 면허증을 소지하지 않은 거지는 불법거지로 형사처벌을 받았습니다. 영국에서 이 법은 16세기 초 헨리 7세 때 처음 만들어져 이후 헨리 8세, 에드워드 6세, 엘리자베스 여왕, 제임스 1세 등을 거쳐 18세기가 되어서야 비로소 폐지

되었습니다. 대개 14세 이상이 되면 불구, 폐질 등 도저히 노동을 수행할 수 없는 불가피한 사정이 있을 경우 심사를 거쳐 면허증을 받거나 그렇지 않을 경우에는 반드시 취업을 해야만 했습니다.

면허증을 받지 못한 사람이 만 2년 동안 계속 취업을 하지 못하면 불법거지로 체포되어 공공장소에서 채찍으로 매를 맞고 한쪽 귀를 잘리거나 얼굴에 낙인이 찍혔으며, 3회 누범이 되면 아예 사형을 시켰습니다. 취직을 하지 못하면 죽음을 당해야 했던 것입니다. 취직에 사활을 걸어야 하는 '헬조선', 우리의 상황이 사실은 자본주의 초기의 상황이 재현된 것에 불과하다는 것을 알 수 있습니다. 이 법은 프랑스와 네덜란드에서도 비슷한 내용으로 시행되었고 우리나라에서도 비슷한 법이 있었습니다. 1975년 박정희 전 대통령이 내무부훈령 제410호로 부랑아들을 단속하여 정해진 시설에 수용할 수 있도록 만든 것이 바로 그것입니다. 부랑아들은 거리에서 함부로 잡혀 와서 강제로 노역을 당했고 시설 내에서 구타와 살인 등 참혹한 인권유린을 당했습니다. 1985년 부산의 형제복지원에서 극적으로 탈출한 원생들이 그곳의 참혹한 상황을 사회에 고발하여 그 실상이 알려졌습니다.• 농노의 해방과 거지면허법을 통해 노동시간을 이용한 돈벌이가 작동될 수 있는 제도적인 토대는 모두 갖추어졌습니다. 헬조선의 시대를 열기 위한 조건이 갖추어진 것이지요.

• 형제복지원의 참혹한 인권유린 상황은 아직도 제대로 규명되지 않았다. 그것을 규명할 법안이 아직 국회를 통과하지 못하고 있기 때문이다. 노숙인 문제는 여전히 우리 사회의 중요한 문제인데 그 출발점이 자본주의의 등장과 관련되어 있다는 점을 되살려 볼 필요가 있다.

두 개의 혁명

노동시간을 이용한 돈벌이는 상업을 통한 돈벌이와 전혀 다른 경제구조입니다. 그것은 자신에게 맞는 새로운 사회구조를 필요로 했습니다. 두 가지를 바꿀 필요가 있었습니다. 첫째는 신분제도를 철폐해야만 했습니다. 신분제도는 자급을 목표로 하는 장원경제에서 가능한 한 모든 사람을 생산에 동원하기 위해 만들어진 제도입니다. 모든 사람은 태어날 때부터 하느님의 뜻에 따라 이미 자신이 평생 종사할 직업이 결정되어 있다는 것이지요. 극소수의 귀족과 승려만이 생산에 종사하지 않고도 다른 사람의 잉여를 빼앗을 수 있는 권리를 보장받았습니다. 그런데 이제 새로운 돈벌이를 주도할 상인들은 이 신분제도에서 가장 낮은 계급이었고 아무리 돈을 열심히 벌어도 귀족과 승려에게 자신이 번 돈을 모두 빼앗길 수 있도록 되어 있는 상황입니다. 상인이 번 돈을 아무도 빼앗을 수 없도록 이 신분제도를 폐지할 필요가 절실했지요.

신분제도 폐지의 도화선은 국왕이 제공했습니다. 절대주의에서 국왕은 상인들과 손을 잡고 상업에서 벌어들인 돈을 나누어 썼습니다. 하지만 상업이 확대되면서 가격차이가 줄어들자 이익이 줄어들었고 자연히 국왕의 수입도 줄어들었습니다. 한때 돈 자랑에 신이 나 사치와 낭비를 일삼던 국왕은 어려운 처지에 빠졌습니다. 다른 수입원을 찾아야 했습니다. 원래 국왕은 상인들에게서 얻는 수입 외에 과거 영주들이 농노들에게서 거두어 주던 세금을 자신이 파견한 관료를 통해 직접 거두어들이고 있었습니다. 국왕은 영주들에게는 세금을 올리고,

일부 잉여를 축적한 농노들에게는 일정한 해방금을 내면 농노의 신분에서 해방시켜 주겠다고 꼬드기기도 하였습니다. 이익이 줄어든 상인들에게도 사정은 아랑곳하지 않고 더 많은 돈을 내라고 윽박질렀습니다. 신분제도에서는 높은 자리의 사람이 낮은 자리의 사람에게서 돈을 빼앗을 권리를 가지고 있기 때문에 국왕의 이런 행동은 당연한 듯이 보였습니다.

국왕을 제외한 모든 사람이 늘어난 세금과 국왕의 행패로 힘들어졌습니다. 상인들이 이들을 부추겼습니다. 신분제도를 폐지하고 국왕을 없애 버리자는 것이었습니다. 1789년 프랑스에서 서막이 올랐습니다. 귀족과 승려를 제외한 모든 사람들이 봉기하였고 신분제도는 폐지되었습니다. 시민혁명이라고 부르는 것입니다.• 신분제의 폐지는 생산관계라고 불리는 소유구조에 중요한 변화를 가져왔습니다. 봉건사회에서는 생산수단인 토지가 모두 공동소유였습니다. 형식적으로 영주나 국왕이 모든 토지의 소유주였지만 사실 그것은 원래 농민들이 안전을 위해 위탁한 것이었고 따라서 직업군인인 영주의 생계를 위한 직영지를 제외하고 나머지 토지는 장원의 구성원들이 모두 함께 이용하는 공유지였습니다. 농민들에게 나누어 주는 분할지도 농민 개인의 소유가 아니라 마을 공동의 소유였고 이들의 분배에 영주는 일체 관여할

• 신분제도에서 왕은 하느님의 특별한 은총을 받는 고귀한 혈통의 소유자였고 따라서 왕을 거스르거나 죽이는 일은 하느님의 저주를 받는다고 알려졌다. 하지만 프랑스혁명에서 미천한 혈통의 서민들이 왕을 단두대에서 죽였지만 아무도 하느님의 천벌을 받지 않았다. 혈통이란 것이 제멋대로 지어낸 허무맹랑한 얘기였다는 것이 들통이 나는 순간이었다. 인간의 능력은 하느님이 차이를 두었을지 모르지만 혈통에는 아무런 차이가 없었던 것이다.

수 없었습니다.

그런데 인클로저 운동은 바로 이런 공동소유를 파괴한 것이었습니다. 영주가 오랜 관습을 통해 유지되어 오던 공동소유를 개인의 사적 소유로 바꾸어 버린 것이지요. 생산력의 발전을 통해 농가에서 발생한 잉여도 이런 사적 소유의 경향에 한몫을 더했습니다. 잉여는 농민의 사적 소유를 이루었으니까요. 게다가 신분제도의 철폐를 주도한 상인들은 처음부터 사적 소유에서 출발한 사람들입니다. 상업이란 내 것을 주고 타인의 것을 받는 것이기 때문에 여기에는 이미 사적 소유가 전제되어 있기 때문입니다. 상인들의 돈벌이는 사적 소유를 바탕으로 이루어지는 것입니다. 그런데 신분제도는 사적 소유를 부정하고 하느님이 정해 주신 혈통에 근거하여 돈을 빼앗을 수 있도록 했습니다. 상인들은 신분제를 폐지하면서 하느님의 말씀을 대신하는 헌법을 제정하고 여기에 사적 소유를 확립하였습니다. 1791년 프랑스에서 제정된 헌법이 바로 그것입니다.

사적 소유의 확립은 돈벌이에서 번 돈을 빼앗아 갈 사람이 이제는 더 존재하지 않게 되었다는 것을 의미합니다. 돈벌이를 방해하는 것은 이제 제거되었고 자유로워진 돈벌이의 주도권을 쥔 상인들이 세상의 주인이 되었습니다. 교환을 통한 차익에서 노동시간의 차익으로 돈벌이의 방법을 바꾼 상인들을 자본가라고 부릅니다. 그래서 이들이 주인이 된 새로운 세상을 자본주의라고 부릅니다. 바로 지금 우리가 살고 있는 세상, '헬조선'이라고 부르는 세상입니다.

두 번째 필요한 것은 생산의 구조를 바꾸는 일이었습니다. 노동시

간을 통한 돈벌이의 원천은 노동시간을 만들어 낼 수 있는 능력인 노동력입니다. 봉건사회에서 노동력은 대부분 신분제도에 의해 농업에 묶여 있었지만 인클로저 운동을 통해 이들은 모두 농업에서 쫓겨났습니다. 이들 대량의 노동력을 사용할 새로운 생산영역이 필요했습니다. 농업을 제외하고 노동력을 사용할 곳은 주로 농산물을 가공하는 공업부문입니다. 공업을 발전시킬 필요가 있었습니다. 그런데 상업의 시대가 열린 이후 유럽의 생산구조는 이미 자급이 아니라 교환을 목적으로 한 생산으로 바뀌어 있었습니다. 교환되는 물건은 원래 자급에 사용하고 남은 잉여입니다. 따라서 농업부문에서 쫓겨난 노동력은 공업부문에서 잉여를 생산하는 데 사용되어야 하고 이를 위해서는 공업부문의 생산력이 높아질 필요가 있었습니다.

하지만 이들 노동력이 쫓겨날 당시 유럽의 공업은 모두 사람 손에 의존하는 수공업체계였고 생산력이 낮아서 농촌에서 쫓겨난 노동력을 수용할 능력이 별로 없었습니다. 농촌에서 쫓겨난 농노들이 거지가 되어야 했던 것도 바로 그 때문입니다. 상인들은 이 문제를 해결해야 했고 그것은 18세기에 들어서야 비로소 이루어졌습니다. 공업부문에서 엄청난 생산력의 증가를 이룩한 사건이 발생한 것입니다. 우리가 산업혁명이라고 부르는 것입니다. 증기의 힘을 이용한 동력이 발명되었고 이 동력을 이용하여 대량의 노동력을 사용하는 방법이 고안된 것입니다. 자급의 범위를 훨씬 넘어서서 거의 대부분이 잉여로 생산되는 변화가 찾아왔습니다. 생산력과 생산관계가 모두 변화하면서 이제 노동시간을 통한 돈벌이의 준비가 모두 갖추어졌습니다. 자본주의 시대의 막이 올랐습니다. 자본주의의 서막이 된 신분제도의 폐지와 공업생산력의 증가, 이들 둘을 이중혁명이라고 부릅니다.

2 자본주의의 등장과 발전

노동시간을 통한 돈벌이

"가롯 유다는 은화 30냥에 예수님을 팔았다!" 2000년 너머로부터 전해지는 이 얘기는 부자가 되고자 하는 인간의 욕망이 얼마나 간절하고 오랜 것인지를 알려 줍니다. 그 욕망은 인류의 역사 전체를 관통하면서 우리가 살펴보고 있는 경제구조의 결정에 깊이 관련했습니다. 부자가 되는 가장 간단한 방법은 타인의 부를 빼앗는 것입니다. 이 방법은 원시공산제 사회를 노예제 사회로 변모시켰습니다. 그러나 그것은 지속적인 방법이 되지는 못했습니다. 로마의 스파르타쿠스 반란에서 보듯이 부를 빼앗긴 사람이 저항하였고 빼앗길 사람을 무한히 찾아낼 수도 없었습니다. 그래서 어쩔 수 없이 이번에는 혼자서 먹고사는 방법이 등장하였습니다. 사람들은 부자가 되기를 포기해야 했습니다. 자급이 목표가 되면서 '황금을 돌처럼 보는' 고결한 견해가 나타나기도 했습니다. 그것이 봉건제 사회입니다. 하지만 자급이 불가능해지면서 교환이 돌파구로 등장하였고 교환은 금방 부자가 되는 새로운 방법이 되었습니다. 봉건제 사회의 뒤를 이어 절대주의가 등장한 것이지요.

그런데 교환도 지속가능한 방법이 아니었습니다. 교환이 확대되

면서 수요와 공급의 격차가 줄어들자 더는 부를 늘릴 수 없었던 것입니다. 새로운 방법이 필요했습니다. 그래서 등장한 것이 노동시간을 통한 방법이고 그것이 자본주의입니다. 원래 이 방법을 찾아낸 단서는 교환에서 출발하였습니다. 교환을 통해 돈을 버는 방법은 내가 구매하는 것보다 더 비싸게 판매하는 것입니다. 즉 양적 차이를 만들어 내는 것이지요. 그런데 양을 측정하는 데에는 단위가 있습니다. 교환에서는 그것이 가격입니다. 요컨대 교환을 통한 돈벌이는 가격차이에서 비롯되는 것입니다. 이제 교환에서 가격차이가 더 이상 발생하지 않는다면 어떤 방법으로 부자가 될 수 있을까요? 경제학자들이 찾아낸 방법은 단순한 것입니다. 교환을 통해 가격차이가 발생할 수 있는 상품을 찾아내는 것이었습니다.

말도 안 되는 얘기처럼 들리지요? 교환이 확대되면서 가격차이가 더 이상 발생하지 않는 상황이 되었는데 가격차이가 발생하는 상품을 찾아낸다니 말입니다. 사실 교환은 두 사람이 서로 주고받는 것이기 때문에 한쪽이 더 많이 받았다면 상대편은 더 적게 받은 것이 분명합니다. 따라서 한쪽의 이익은 다른 쪽의 손해가 됩니다. 처음에 잘 몰라서 어쩌다 그렇게 될 수는 있지만 이런 상태가 오래 계속될 수는 없습니다. 그래서 교환은 결국 두 사람이 같은 것을 주고받게 됩니다. 교환을 수식으로 표현할 때 등호(=)를 사용하는 이유가 거기에 있습니다. 교환에서 한쪽이 손해를 보아서는 안 된다는 생각 때문에 오늘날에는 아예 공정거래위원회라는 정부기구가 있을 정도랍니다. 이처럼 교환은 같은 가치의 것끼리 주고받는 것이고 따라서 차이는 발생할 수 없습니다. 그런데 차이가 발생하는 상품을 찾아내다니 이상한 얘기가 아닙니까?

"미션 임파서블!" 이 불가능해 보이는 과제를 경제학은 해결했고 자본주의는 그래서 등장할 수 있었습니다. 경제학자들은 먼저 가격의 차이를 만들어 내기 위해서는 가격의 크기를 결정하는 것이 무엇인지를 알아내야 한다고 생각했습니다. 경제학의 아버지라고 불리는 애덤 스미스가 그것을 알아냈습니다. 그것은 바로 인간의 노동시간이고 그것을 가치라고 부릅니다. 어떤 물건을 만드는 데 들어간 노동시간이 많으면 가격이 비싸고 반대로 노동시간이 적게 드는 물건은 가격이 싸다는 것입니다. 가격이 싸고 비싸다는 것은 곧 가치가 적고 많다는 얘기입니다. 그렇다면 이제 이 노동시간에서 양적 차이를 만들어 내는 방법이 문제가 됩니다. 문제의 핵심은 구매할 때와 판매할 때 그 속에 포함된 노동시간이 변해야 하는 것입니다. 그래야 노동시간의 차이, 즉 가격의 차이가 생길 것이니까요. 도대체 그런 물건이 있기나 한 것일까요? 만일 있다면 그런 신비의 상품은 무엇일까요?

단서가 된 것은 교환의 구조적 성격입니다. 교환은 원래 하나로 결합되어 있던 생산과 소비를 분리시켜 양자를 중간에서 연결해 줍니다. 즉 교환은 혼자 존재하는 것이 아니라 생산과 소비에 결합되어 있습니다. 교환은 구매와 판매로 이루어지고 구매는 소비와, 판매는 생산과 결합되어 있습니다. 상품이 판매되기 위해서는 먼저 생산되어야 하고 구매된 상품은 소비를 위해 구매된 것입니다. 결국 구매와 판매의 중간에는 '소비'와 '생산'이 함께 자리를 잡고 있습니다. 소비되면서

생산이 이루어지는 것이지요. 그것은 곧 생산에서 사용되는 물건이며 대개 생산요소, 혹은 생산재라고 부르는 것입니다. 신비의 상품은 이 생산요소 가운데 노동시간을 변동시킬 수 있는 상품인 것입니다.

노동시간을 변동시킬 수 있는 상품, 그것은 바로 노동시간을 만들어 내는 사람의 노동력입니다. 노동력이 한 시간 소비되면 한 시간, 두 시간 소비되면 두 시간의 노동시간이 만들어집니다. 그렇다면 이제 남은 문제는 노동력을 구매할 때의 가격과 판매할 때의 가격에 차이를 만들어 내는 일입니다. 그 단서는 인류가 지구상에 처음 탄생할 때의 상황 속에 숨어 있습니다. 인간의 시간이 두 부분으로 이루어져 있는 사실, 바로 그것입니다. 인간은 동물 가운데 유일하게 생존의 우리에서 탈출하여 자신의 시간을 노동시간과 여가시간의 두 부분으로 만들었습니다. 노동시간은 생존에 필요한 시간이고 여가시간은 자유를 누리는 시간이지요. 구매와 판매 사이의 차이는 여가시간에 그 열쇠가 숨어 있습니다. 여가시간을 줄여서 노동시간으로 만드는 것입니다.

자본주의가 시작될 때 노동력은 농촌에서 쫓겨나 거지가 되어 있었습니다. 거지는 당장 먹고사는 것이 목표입니다. 그래서 상인은 생존에 필요한 만큼의 노동시간에 대한 대가(임금이 바로 거기에 해당합니다)를 지불하고 거지의 노동력을 구매합니다. 그런 다음 그 노동력을 생산에 사용하면서 지불한 노동시간의 대가보다 더 오래 일을 시킵니다. 노동자의 여가시간을 줄이면 그렇게 할 수 있습니다. 그래서 노동자가 생산에서 소비한 총 노동시간은 두 부분으로 이루어집니다. 하나는 자신의 생존에 필요한 시간, 다른 하나는 여가시간을 줄여서 추가

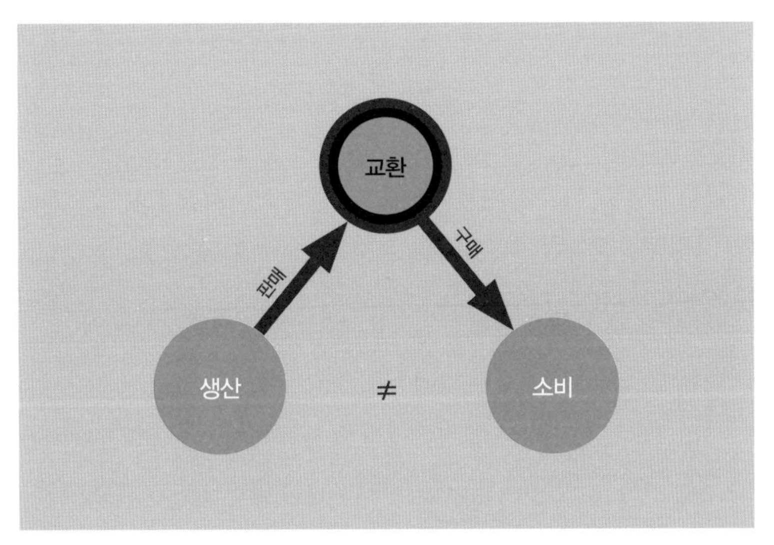

| 교환의 구조 | 판매의 선행단계는 생산이고, 구매의 후속단계는 소비라는 것을 보여 준다.

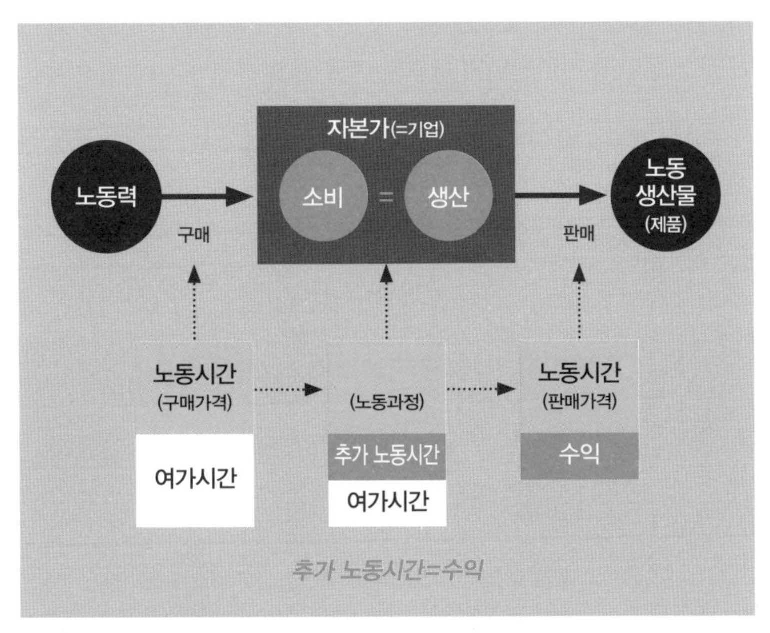

| 노동시간을 통한 돈벌이의 구조: 구매와 판매를 통한 노동시간의 증가 | 자본가가 노동력을 구매하고 노동의 결과물인 노동생산물을 판매하는 과정에서 구매와 판매의 노동시간 차이가 어떻게 발생하는지를 교환의 구조와 관련지어 보여 준다. 즉 구매의 후속단계인 소비와 판매의 선행단계인 생산이 바로 그 차이가 발생하는 곳이다.

로 노동한 시간입니다. 노동력을 구매한 사람은(바로 상인이겠죠. 그런데 노동력을 구매하는 상인은 일반 상품을 사고파는 상인과 구별하여 이제부터 자본가라고 불립니다) 이 총 노동시간을 시장에서 판매합니다. 그러면 그가 구매한 노동시간과 시장에서 판매한 노동시간 사이에 차이가 발생하고 이것이 노동시간을 통한 돈벌이의 원리입니다. 말하자면 자본가가 구매하는 노동시간이 생산에 투여한 노동시간보다 적기 때문에 그 차이만큼을 제품 판매를 통해 벌게 되는 것입니다.

그런데 이 원리에는 또 하나 중요한 장점이 있었습니다. 노동시간은 한번 소비하고 나면 사라지는 것이 아니라 계속 저절로 생겨난다는 것입니다. 사람은 매일 아침 눈을 뜨면 하루 24시간의 시간을 얻습니다. 그 시간은 우리가 생존해 있는 한 계속해서 주어집니다. 그리고 사람은 자손을 통해 이어지기 때문에 내가 점차 나이가 들어 늙어 죽더라도 내 자식이 내 뒤를 잇습니다. 인간의 시간은 이처럼 인류가 존재하는 한 영원히 주어지기 때문에 노동시간을 통한 돈벌이는 영원히 지속될 수 있습니다. 과거 약탈이나 교환이 지속될 수 없었던 것과는 전혀 다릅니다. 이제 경제구조에 정말로 센 놈이 나타났습니다. 바로 자본주의라는 경제체제입니다. 이 원리는 현실에서 어떻게 등장하여 발전해 갔을까요?•

• 노동시간을 이용한 이런 돈벌이의 원리는 필자가 쓴 《마르크스의 자본, 판도라의 상자》에 자세히 설명되어 있으니 좀 더 깊은 내용은 그 책을 참고하기 바란다.

수공업의 변화와 발전

노동시간을 통한 돈벌이의 기원은 절대주의 체제였던 상업의 시대로 거슬러 올라갑니다. 상인들은 교역을 위해 외국으로 가지고 나갈 수공업 제품(유럽의 특산물은 모직물이 가장 대표적인 것이었습니다)이 필요했고 이를 장원에 속해 있던 농노들 가운데 솜씨가 좋은 사람을 골라 부탁했습니다. 장원의 수공업자들은 주로 영주에게 직접 속해 있어서 영주의 허락 없이는 접촉하기 어려웠지만, 농노들은 생산력의 발전으로 영주에게 토지사용료만 내면서 비교적 자유로운 상태였기 때문입니다. 하지만 농노들은 농사를 지어야 했기 때문에 농한기 외에는 별로 시간이 많지 않았고 따라서 한 사람의 농노가 만들 수 있는 물건은 그다지 많지 않았습니다. 그래서 상인들은 여러 장원에 걸쳐 농노들을 찾아다니며 원료와 작업도구를 제공하고 일정 기한을 정해 정기적으로 물건을 거두어 갔습니다. 일종의 주문생산이었던 것입니다. 이런 제도를 선대제라고 합니다.

교역이 늘어나자 여러 장원을 돌아다니면서 조금씩 주문한 물건을 모아오는 방식으로는 도저히 필요한 물량을 채우기 어려워졌습니다. 특히 국왕의 비호를 받은 상인들은 무역을 독점했기 때문에 더욱 그러했습니다. 상인들은 농노들이 아예 농사를 그만두고 자신에게 와서 자신의 일만 하도록 해야겠다고 생각했습니다. 마침 인클로저 운동으로 농촌에서 쫓겨난 농노들이 넘쳐 났기 때문에 그것은 더욱 쉬웠습니다. 농노는 이제 노동자로 바뀌었고 상인들은 이들을 한곳에 모았습

니다. 작업은 기존의 방식과 마찬가지로 원료와 작업도구를 상인이 제공하고 노동자들은 각자 알아서 작업을 수행한 다음 자신의 작업량에 대해서 일정한 대가를 지불받았습니다. 작업을 하는 장소만 공장으로 바뀌었고 작업은 여전히 수공업으로 이루어졌기 때문에 이 방식을 공장제 수공업, 혹은 매뉴팩처라고 부릅니다. 상인들은 이제 공장주가 되었습니다. 하지만 이들이 노동자들에게서 사고판 것은 상품이었고 아직 노동시간은 아니었습니다. 본격적인 자본주의는 아니었던 것이지요.

그런데 상업이 계속 확대되면서 이런 방식에 다시 문제가 나타났습니다. 상업이 돈벌이가 되자 상업에 뛰어든 사람이 폭발적으로 늘어났고 당연히 더 많은 상품을 만들어야 했습니다. 그만큼 노동자도 더 많이 필요했고 노동자를 확보하기 위한 경쟁도 치열해졌습니다. 당연히 노동자들의 인건비가 크게 뛰었고 공장주들은 수익을 내기 어려운 지경에 빠졌습니다. 인건비를 줄여야 했고 노동자를 적게 사용할 방법을 연구해야만 했습니다. 그 결과 노동자를 대신해서 일을 할 기계가 발명되었습니다. 먼저 동력을 공급하는 증기기관이 발명되고 그것의 동력을 이용한 기계들이 잇따라 발명되었습니다. 기계는 노동자들의 일손을 대폭 대신하게 되었고 기계 때문에 필요 없어진 노동자들이 대량으로 해고되었습니다. 최근 인공지능 로봇 알파고가 각광을 받으면서 사람들이 로봇에게 일자리를 빼앗길 걱정을 하는 것은 이미 자본주의의 초기에 이런 경험이 있었기 때문입니다. 어쨌든 기계 덕분에 공장주들의 인건비 부담은 크게 줄어들었습니다.

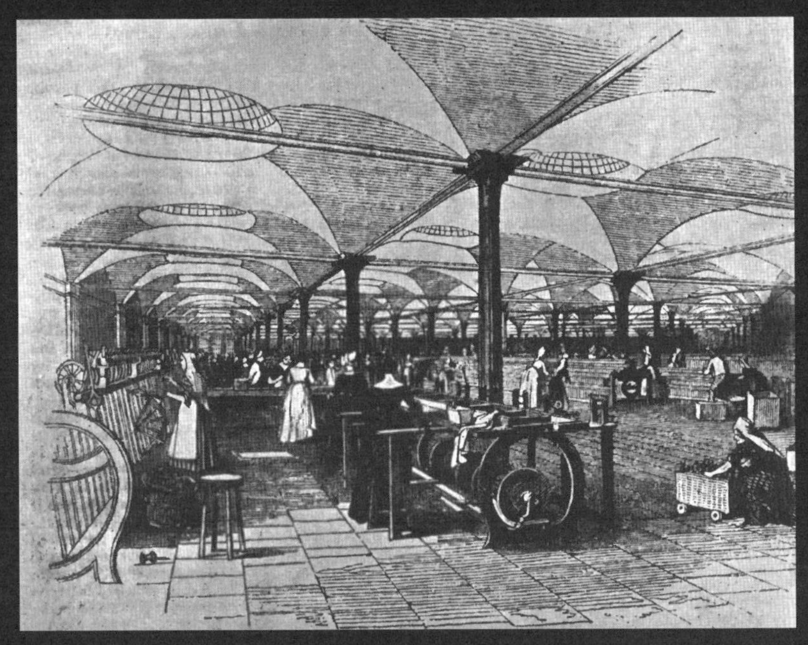

| 공장제 기계공업이 정착되면서 노동자들은 기계의 흐름에 맞춰 작업을 진행해야 했다. 기계의 운전도, 노동자들의 노동시간도 모두 공장주의 지시에 달려 있었다. |

그런데 기계는 또 하나의 중요한 변화를 가져왔습니다. 작업의 주도권이 노동자에게서 기계로 넘어간 것입니다. 노동자들은 기계에 맞추어 작업을 해야 했고 기계는 공장주들이 조종했습니다. 공장주들은 기계를 통해 노동자들의 작업을 직접 지휘하게 되었습니다. 기계가 돌아가기 시작하면 노동자들은 일을 시작해야 했고 기계가 멈추면 노동자들도 멈추어야 했습니다. 드디어 노동자들의 노동시간을 공장주가 마음대로 조종할 수 있게 된 것입니다. 공장에 기계가 들어간 이런 방식을 공장제, 혹은 공장제 수공업과 구별하여 공장제 기계공업이라고도 부릅니다. 공장제와 함께 노동시간을 통한 돈벌이가 본격적으로 시작되었습니다. 이제 공장주는 자본주의의 주역인 자본가가 되었고 자본주의는 본색을 드러내기 시작했습니다.

공장제와 노동시간의 돈벌이

공장제는 1769년 제임스 와트가 증기기관을 발명하고 잇따라 이 기관의 동력을 이용한 기계들이 발명됨으로써 시작되었습니다. 그래서 대개 1760년대를 자본주의의 본격적인 출발점으로 잡습니다. 지금 우리가 살고 있는 2010년대 중반을 기준으로 삼는다면 자본주의의 역사는 약 250년이 되는 셈이지요. 기계가 발명되기 전에는 노동시간을 직접 사고팔 수 없었습니다. 노동자는 자기가 알아서 작업을 수행했고 자본가는 작업의 결과물을 기준으로 노동자에게 대가를 지불했습니다. 그런데 기계가 작업을 주도하게 되자 작업량은 노동자가 아니라 기계가 결정하고 노동자는 기계의 작업을 돕는 역할만 수행하게 되었습니다. 자연히 노동자에게 지불되는 임금은 작업량이 아니라 노동시간을 기준으로 삼게 되었습니다.

노동시간을 통한 돈벌이의 원리는 매우 단순합니다. 노동자에게 지불되는 노동시간(바로 임금을 가리킵니다)보다 실제 노동자가 일하는 노동시간이 다르면 됩니다. 그 차이로부터 자본가는 돈을 벌기 때문에 그는 당연히 이 차이를 늘리고자 하겠지요. 그러기 위해서는 노동자에게 지불되는 것을 최소한으로 줄이고 실제로 노동자가 일하는 노동시간을 최대한 늘려야 할 것입니다. 시민혁명을 통해 세상의 주인이 된 자본가를 가로막을 것은 아무것도 없었습니다. 먼저 노동자에게 지불되는 것을 어디까지 줄일 수 있을까요? 하나도 주지 않는 것입니다. 노동자와 함께 작업하는 기계가 바로 그렇지요. 그러나 정말 그랬다가는 기계와는 달리 노동자는 굶어 죽어 버릴 것입니다. 임금은 겨우 굶어

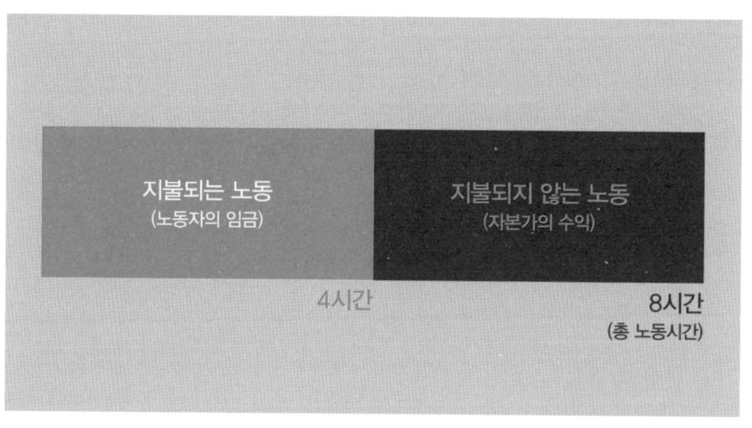

| 지불되는 노동(임금)과 지불되지 않는 노동(자본가의 몫) |

죽지 않을 정도로만 매우 적게 지불되었습니다.

그다음 실제로 노동하는 시간은 어디까지 늘릴 수 있을까요? 자연이 우리에게 주는 시간은 하루 최대 24시간입니다. 그렇기 때문에 노동시간은 당연히 24시간까지 늘릴 수 있습니다. 기계가 바로 그렇게 할 수 있습니다. 그러나 인간은 생물체이고 기계와 달리 일정한 휴식을 취하지 않고 일만 하면 죽게 됩니다. 그런데 생명이란 참으로 질긴 것이어서 하루를 꼬박 잠자지 않고 일한다고 금방 죽는 것은 아닙니다. 그래서 노동자들은 일감이 밀릴 경우 하루나 이틀, 때로는 사흘 동안 한잠도 자지 못하고 꼬박 일을 하는 경우가 흔했습니다. 별다른 일이 없을 경우에는 대개 14~16시간 동안 일을 했습니다. 휴일은 보통 한 달에 하루나 이틀뿐이었습니다.

이렇게 오래 일을 하고도 노동자들이 받는 임금은 정말 보잘것없었습니다. 가장이 혼자 벌어서 가족은커녕 혼자 입도 풀칠하기 어려웠습니다. 여성이든 아동이든 가족 전체가 모두 일을 하러 나가야 했습니다. 아이들은 대개 6살에서 8살 정도부터 일을 시작해야 했습니다. 학교는 당연히 가지 않았고 방학이나 휴가도 물론 없었지요.• 결국 노동자들은 거의 죽을 정도로 많은 일을 하고 겨우 입에 풀칠만 할 수 있을 정도의 낮은 임금을 받았습니다. 열심히 일을 하는데도 가난한 이상한 현상이 생긴 것이지요. '개미와 베짱이의 우화'에서 보듯

• 이런 노동자들의 상태는 많은 책들에서 당시 정부의 보고서를 통해 실상을 잘 전해 주고 있다. 마르크스의 《자본》, 엥겔스의 《영국 노동자계급의 상태》, 우리나라의 경우 《전태일 평전》 등을 참고하라.

| 굶어 죽지 않기 위해 온 가족이 공장에 나가 일해야 했던 산업혁명 당시의 삶은 인간다움 자체가 멸종되어 있었다. 그림은 누더기 옷을 입고 방직 공장에서 일하는 어린 실습생들을 보여 준다. |

이 열심히 일을 하면 당연히 잘살아야 하는데 오히려 거꾸로 가난하다니 참으로 이상한 일이지요? 이 현상은 자본주의의 공장제가 만들어 낸 특이한 것이어서 따로 '노동빈곤(working poor)'이라는 이름으로 불립니다. 오늘날 우리가 헬조선에서 흔히 보고 있는 바로 그 현상입니다.

공장제의 지속가능성

공장제는 봉건사회에 비해 노동시간을 엄청나게 증가시켰습니다. 봉건제하에서 농업에 종사하던 농노들은 작물이 자라지 않는 겨울 동안에는 농사를 짓지 않았습니다. 농한기라고 부르는 것으로 가을에 추수가 끝나고 나면 이듬해 파종을 다시 할 때까지 3~4개월 정도의 기간입니다. 우리나라도 농업국가였기 때문에 이런 농한기가 있었습니다. 이 농한기는 인류가 처음 생존의 우리를 탈출했을 때 독자적으로 만들어 낸 여가시간입니다. 그래서 농한기에는 축제와 놀이가 많았고 추석, 동지, 설날, 정월대보름 등 오늘날 우리들에게 전래되는 많은 놀이들이 이 시기와 관련이 깊습니다. 유럽에 있는 추수감사절, 크리스마스, 세밑(실베스타Silvester라고 부릅니다), 그리고 사육제(파싱Fasching이라고 부릅니다) 등의 축제가 마찬가지로 거기에 해당됩니다. 그 밖에 갖가지 종교적인 휴일과 행사일, 그리고 일요일에도 농사일을 하지 않았습니다.

그래서 봉건사회에서 일 년 동안 농노들이 노동을 했던 날짜는 약 160일 내외였습니다. 당시에는 해가 떠 있을 동안에만 일을 할 수 있었기 때문에 평균 하루 10시간 이상 일을 하는 법이 없었습니다. 즉 평균적으로 봉건사회 농노들의 노동시간은 연간 1600시간 내외였던 것이지요. 그런데 공장제에서 노동자들의 연간 평균 노동시간은 3500~4000시간을 훨씬 넘었습니다. 봉건사회에 비해 두 배 이상으로 늘어난 것입니다. 기계가 발명되면서 봉건사회에 비해 생산력은 훨씬 더 증가하였고 따라서 사람이 먹고사는 데 필요한 노동시간은 과거보다 줄어든 것이 틀림없습니다. 그런데도 노동자들의 총 노동시간이 이처럼 늘어났다는 것은 무엇을 의미할까요? 노동자들의 노동시간 가운데 생계를 위한 부분 외에 남는 부분이 엄청나게 늘어났다는 것을 의미합니다.

인류가 처음 생존의 우리를 탈출한 이래 인간의 시간 가운데 생계를 위한 노동시간을 제외한 나머지 시간은 원래 여가시간입니다. 그것이 인간의 본질을 이루는 특징이라 말했지요. 그런데 노동시간 가운데 생계를 위한 부분을 제외한 나머지 부분이 이처럼 증가하였다는 것은 여가시간이 그만큼 줄었다는 것을 의미합니다. 공장제가 증가시킨 노동시간은 바로 여가시간을 줄인 부분입니다. 따라서 봉건사회에 비해 두 배 이상 늘어난 엄청난 노동시간은 곧 여가시간이 거의 사라졌다는 것을 말해 줍니다. '헬조선'을 상징적으로 표현할 때 흔히 '피로사회', '저녁이 없는 삶'을 드는 것은 바로 이것을 가리키는 것입니다. 휴식을 잃어버린 생활은 바로 자본주의가 만들어 낸 것임을 알려 주고 있는 것입니다. 이처럼 자본주의하의 공장제는 여가시간을 대부분 노동시간으로 바꾸어 버렸습니다.

우리는 앞서 자본주의 이전의 역사에서 생산력의 발전을 통해 얻어진 여가시간이 휴식과 생각할 여유를 제공하여 창의력의 원천이 됨으로써 생산력을 더욱 발전시킨다는 것을 보았습니다. 그래서 인류의 역사는 사실 여가시간을 늘리고 노동시간을 줄이는 방향으로 나아갔습니다. 인류문명의 발전이라고 얘기할 때 그 문명은 모두 여가시간이 만들어 낸 것이기도 합니다. 그런데 자본주의를 주도한 공장주, 즉 자본가의 돈벌이는 바로 이 여가시간을 줄여 노동시간으로 바꾸는 데 있고 이 부분을 최대한으로 늘리고자 합니다. 따라서 자본주의는 인류의 역사에 역행하여 생산력의 원천을 고갈시키는 방향으로 나아가는 성격을 가지고 있습니다. 역사적으로 생산력의 발전이 정체되면 그런 경제구조는 더 지속될 수 없었습니다. 생산력의 원천을 이처럼 고갈시키는 자본주의는 과연 지속될 수 있을까요?

공장법과 지속가능성의 모색

여가시간을 거의 다 빼앗긴 '노동빈곤'은 노동자들을 곧바로 죽이는 것은 아니지만 시간을 두고 결국 노동자들의 수명을 단축시켰습니다. 공장제 초기에 노동자들의 수명은 매우 짧았습니다. 도시와 산업에 따라 조금씩 차이가 있긴 했지만 노동자들은 20~30대에 대부분 죽어버렸습니다. 40세 이상 사는 경우는 매우 귀했습니다. 노동인구의 이런 감소는 돈벌이의 원천이 줄어드는 것을 의미합니다. 공장제는 더 지속되기 어려워졌습니다. 하지만 개별 자본가들에게는 장시간 노동과 노동빈곤이 바로 돈을 더 많이 버는 방법이었습니다. 난처한 일이었습니다. 공장제 전체의 존망과 개인들의 이해가 충돌하고 있으니 말입니다. 사회적 이해와 사적 이해가 이처럼 충돌하는 경우는 앞서 노예제 사회에서도 본 적이 있습니다. 로마에서 귀족들이 사적 이해에 매몰되면서 공동체의 방어가 허술해져서 결국 사회 전체가 멸망의 길

로 걸어간 바로 그 경우이지요.

노예제에서 솔론과 그라쿠스가 개혁을 통해 노예제를 살려 보려 했듯이 공장제에서도 개혁이 화두로 떠올랐습니다. 핵심은 여가시간을 거의 다 빼앗아 버린 과도한 노동시간에 있었습니다. 노동시간을 줄여야 한다는 여론이 형성되었습니다. 사실 노동인구의 감소가 좀 더 절박했던 것은 국가였습니다. 상업의 시대가 열리면서 유럽 국가들 사이에서는 교역로를 둘러싼 싸움이 잦아졌고 싸움을 치를 병사가 필요했습니다. 하지만 노동인구의 감소는 바로 병사의 감소를 뜻하기도 했습니다. 과도한 노동시간은 국방까지도 위협했던 것입니다. 국가가 나서서 노동시간을 단축하고자 했습니다. 국가는 노동시간의 상한선을 정하고 이를 각 공장들에서 잘 지키는지 감시할 감독관을 파견했습니다. '공장법'이라는 것으로 지금 우리나라의 근로기준법의 모태가 된 법입니다. 당연히 자본가들은 격렬히 반대했습니다.

여기에 노동자들의 저항이 힘을 보탰습니다. 여가시간을 거의 다 빼앗긴 노동자들은 이미 인간으로서의 존엄성을 잃고 동물이나 다를 바 없는 존재가 되었습니다. 실제로 당시 노동자들의 생활상을 보고한 자료들에는 이런 참혹한 실상이 낱낱이 그려져 있습니다. 그런데 노동자들은 당연히 동물이 아닙니다. 무엇보다 인류로서 생존의 우리를 탈출할 때부터 지니고 있던, 생각할 수 있는 힘을 가지고 있었지요. 노동자들은 일부 양심적인 지식인들의 도움과 지원을 받으면서 노동시간의 단축을 위한 운동을 벌였습니다. 노동자들은 단결하기 시작했고 조직을 구성했습니다. 보다 체계적이고 집단적이며 지속적인 운동이 이어졌습니다. 당연히 자본가들의 공격과 탄압이 계속됐고 1799년 노동자들의 단결을 금지하는 '단결금지법'이 제정되었습니다. 하지만 국가의 필요와 노동자들의 저항, 사회적 여론 등이 합쳐져 결국 1833년 최초의 공장법이 제정되었습니다.

그러나 공장법이 제정되었다고 해서 곧바로 노동시간이 단축되지는 않았습니다. 자본가들은 교묘하게 법망을 피하는 갖가지 편법을 고안해 냈고, 설사 법을 어겨 공장감독관에게 고발을 당해도 제대로 처벌을 받는 경우는 드물었습니다. 법원이 자본가와 한통속이었기 때문입니다.• 그럼에도 불구하고 공장법은 계속해서 기준을 강화하고 범위를 확대하면서 개정되어 갔습니다. 그러다가 결정적인 사건이 1886년에 터졌습니다.

미국의 시카고에서 노동자들이 하루의 노동시간을 8시간으로 제한하자는 요구를 걸고 데모를 했는데 경찰의 끄나풀이 데모대 가운데 섞여 들어가서 폭탄을 터뜨려 6명이 사망한 것입니다. 데모를 주도한 지도자 4명이 체포되어 사형을 당했고 곧바로 이들이 누명을 썼다는 사실이 밝혀졌습니다. 경찰이 노동자들을 탄압하기 위해 조작한 사건이라는 것이 드러났지요. 1889년 프랑스 파리에서 전 세계 노동자들이 모여 억울하게 죽은 이들 노동운동의 지도자들을 추모하면서 1890년 5월 1일에 총파업을 하기로 결정하였고, 이 파업은 실행되었습니다.

• 우리나라도 최저임금을 법으로 정해 놓았지만 이 법의 적용을 받지 못하는 노동자가 2015년에만 약 230만 명에 달하고 있다. 자본가가 법을 얼마나 지키지 않는지가 여실히 드러나는 대목이다.

| 노동시간의 단축은 당시 자본가와 노동자 사이의 충돌을 일으키는 가장 큰 쟁점이었다. 사진은 1906년 프랑스에서 하루 8시간 근무를 주장하며 벌였던 파업 현장을 담고 있다. |

게다가 1917년과 1918년 러시아와 독일에서 혁명이 일어나 노동자들이 정권을 장악하는 일이 발생했습니다. 새롭게 등장한 노동자 정부가 제일 먼저 시행한 정책이 노동시간을 8시간으로 제한하는 일이었습니다. 이제 노동시간을 8시간으로 제한하는 일은 더 이상 피할 수 없게 되었습니다. 두 나라의 혁명을 보고 깜짝 놀란 유럽 각국 자본가들은 로마시대의 교훈을 떠올려야 했습니다. 사적 이해에만 매몰되어 사회 전체의 이해를 무시했다가는 사회체제 전체가 와해되고 만다는 바로 그 교훈입니다. 노동자들의 혁명을 미연에 방지할 필요가 있었습니다. 그러기 위해서는 노동시간을 정말 줄여 줄 필요가 있었지요. 1919년 국제노동기구(ILO)가 결성되었고 여기에서 하루 노동시간을 8시간으로 제한하는 결의안이 채택되어 모든 나라에서 적용하도록 권고되었습니다. 자본주의는 아슬아슬하게 외부의 압력 덕분에 멸망의 구렁텅이에서 빠져나왔습니다. 지속가능한 길을 찾아낸 것입니다.

자본주의의 지속적인 발전

공장법과 국제노동기구의 설립을 통해 지속가능한 발전의 토대를 구축한 자본주의는 눈부시게 발전해 나갔습니다. 자본주의 발전의 동력은 생산력의 구조에 숨어 있습니다. 봉건제 사회에서 노동하는 사람은 농노와 수공업자였는데 이들은 모두 혼자서 생산을 수행했습니다. 일하다 힘들면 쉬고 기분이 내키면 다시 열심히 일을 하는 구조였습니다. 남의 눈치는 전혀 볼 필요가 없었습니다. 생산력은 개별적이고 독

립적인 성격을 띠고 있었습니다. 그런데 자본주의가 시작되면서 자본가들은 노동자들을 한곳에 모았습니다. 매뉴팩처가 그 시초였지요. 노동자들이 여럿 모이게 되자 당장 서로 비교가 되었습니다. 각자의 작업 속도와 작업량이 비교되었습니다. 자연히 눈치가 보이게 되었겠지요.

거기에 보다 중요한 계기가 발견되었습니다. 한 사람이 할 수 없던 일을 여러 사람이 모이자 할 수 있게 된 것입니다. 예를 들어 대장간의 경우 혼자 들어서 옮길 수 있는 무게는 최대 50킬로그램에 불과하지만 여럿이 힘을 합치면 500킬로그램도 거뜬히 들어 올릴 수 있게 됩니다. 뿐만 아니라 한 사람이 처음부터 끝까지 모두 혼자서 수행하던 작업과정을 분해하여 여러 사람이 작업을 나누어 하면 작업의 효율을 대폭 높일 수 있습니다. 분업의 효과라는 것입니다. 애덤 스미스는《국부론》의 앞부분에서 바로 이 분업의 효과가 놀랍게도 4800배에 달한다고 설명하고 있습니다. 혼자서 작업하는 것보다 여럿이 나누어 작업하면 생산량이 그만큼 크게 늘어난다는 것이지요. 이처럼 한 사람의 생산력을 여럿 합치면 양적으로나 질적으로 모두 새로운 생산력이 만들어집니다. 그것을 사회적 생산력이라고 부르는데 자본가들은 이것을 찾아낸 것입니다. 사회적 생산력은 자본주의의 가장 중요한 강점이면서 핵심적인 특징을 이룹니다.

이런 사회적 생산력에 기계가 결합하였습니다. 공장제가 바로 그것이지요. 기계는 이미 그 자체만으로도 생산력을 대폭 증가시키는 힘을 가지고 있습니다. 여기에 사회적 생산력이 결합하면서 총 생산력은 그야말로 폭발적으로 늘어났습니다. 앞서도 잠깐 언급했던 산업혁

| 애덤 스미스(위)는 분업을 기초로 한 근대 사회의 생산력 구조를 설명함으로써 자유주의의 합리성을 논증한 《국부론》을 1776년에 출간하였다(아래). 이 책은 영국의 산업혁명 개막을 예보했을 뿐만 아니라 영국이 높은 생산성을 배경으로 자유무역정책을 추진하게 하는 동력이 되었다. |

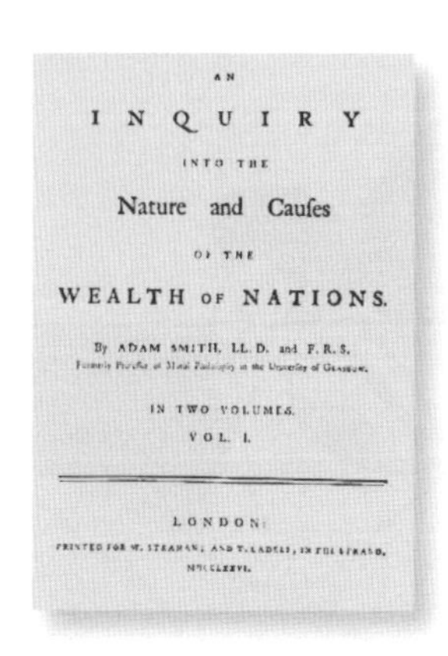
AN

INQUIRY

INTO THE

Nature and Caufes

OF THE

WEALTH OF NATIONS.

By ADAM SMITH, LL.D. and F.R.S.

Formerly Profeffor of Moral Philofophy in the Univerfity of Glasgow.

IN TWO VOLUMES.

VOL. I.

LONDON:

PRINTED FOR W. STRAHAN; AND T. CADELL, IN THE STRAND.

MDCCLXXVI.

명을 '혁명'이라고 부르는 이유가 바로 이 '폭발적' 성격 때문입니다. 그런데 문제가 있었습니다. 폭발적인 생산력은 당연히 생산량을 폭발적으로 늘려 놓았습니다. 이처럼 엄청나게 늘어난 상품들을 모두 팔아야 했습니다. 어디에 팔 수 있을까요? 처음 이런 문제에 부딪친 것은 영국이었습니다. 생산력의 혁명인 산업혁명을 가장 먼저 달성한 나라가 영국이었기 때문입니다. 영국은 먼저 유럽 국가들과 자유롭게 교역을 할 수 있는 협정을 체결하였습니다. 자유무역주의라고 부르는 것입니다. 최근 우리에게도 귀에 익숙해진 FTA라고 하는 것의 기원이라고 할 수 있지요. 그런 다음 상업의 시대에 발견된 동방과 아메리카 지역들을 식민지로 개척하여 이들 지역에 물건을 팔려고 했습니다.

그런데 얼마 지나지 않아 유럽 국가들이 영국의 뒤를 이어 산업혁명을 수행하였습니다. 처음에는 주로 영국이 개발한 기계들을 수입해서 공장제를 꾸려 나가다가 나중에는 스스로 기계를 만들어서 영국의 생산력을 따라잡았습니다. 그러자 이들 나라도 늘어난 생산물을 팔아야 할 문제에 직면했습니다. 영국과는 이미 자유로운 교역을 하고 있었지만 산업혁명에서 가장 앞서 있던 영국과 경쟁하기에는 역부족이었습니다.

그래서 이들 나라도 유럽 바깥으로 눈을 돌릴 수밖에 없었습니다. 하지만 여기에서도 영국이 이미 거의 대부분의 지역을 식민지로 만들어 버린 상태였습니다. 영국의 손길이 미처 닿지 않은 식민지를 찾기 위해 유럽 국가들은 전 세계를 이 잡듯이 뒤졌습니다. 그러나 그렇게 어렵사리 손에 넣은 식민지는 영국이 이미 가지고 있던 것에 비하면 새 발의 피였습니다. 1910년경 영국은 자신의 국토 면적의 100배에 해당하는 크기의 식민지를 확보하고 있었고 그것은 당시 전 세계 식민지의 절반을 훨씬 넘는 것이었습니다.

이것이 마치 선착순으로 먼저 손을 짚기만 하면 자기 땅이 되는 땅따먹기 놀이와 같은 것이어서 가장 늦게 식민지 확보에 뛰어든 나라는 거의 헛다리만 짚을 수밖에 없었습니다. 산업혁명이 가장 늦게 이루어진 독일이 대표적인 나라였지요. 당연히 불만이 있을 수밖에 없었지요. 뒤늦게 식민지 확보에 뛰어든 이들 나라들은 기존의 국가들에게 식민지의 재분할을 요구하였고 이것은 결국 참혹한 전쟁으로 이어졌습니다. 1차 세계대전이 바로 그것입니다. 그런데 여기에서 잠깐 우리가 주의를 놓치 말아야 할 부분이 있습니다. 식민지를 필요로 하는 유럽 국가들의 사정은 이제 짐작할 수 있지만 이들이 식민지로 삼고자 했던 나라들의 입장은 어땠을까요?

상업의 시대에 유럽이 항로를 개척한 지역들은 모두 이미 사람들이 살고 있던 곳입니다. 동방은 물론 아메리카 대륙도 모두 거기에 원주민이 살고 있었던 것입니다. 따라서 이들 지역은 '발견'된 것이 아닙니다. 이미 살고 있던 사람들과 유럽 사람들이 '만난' 것이지요. 식민지가 만들어지는 과정에서 이들 지역 사람들의 입장과 의사는 깡그리 무시되었습니다. 이들과의 만남은 처음부터 유럽 사람들의 경제적 필요에 의해 일방적으로 이루어진 것이었습니다. 당연히 저항이 뒤따랐고 식민지는 무력에 의해 강제로 만들어졌습니다. 일본이 우리나라를 강제로 합병한 것도 바로 그런 경우입니다. 남의 나라에 함부로 들어가서 강제로 자신들의 경제적 이익에 종속시키는 이런 체제를 제국주의라고 부릅니다. 공장법을 통해 내부의 문제점을 해결하면서 지속가능한 길을 찾았던 자본주의는 이제 자본주의 외부에 제국주의를 만들어 낸 것입니다. 다른 나라, 다른 사람을 강제로 종속시켜야 하는 이런 체제가 지속될 수 있을까요? 그 해답은 1차 세계대전이 끝나고 나서 곧바로 나타났습니다.

3 자본주의의 위기와 구원:

전쟁과 공황

"지옥으로 가는 길은 좋은 의도로 포장되어 있다." 서양의 오랜 속담입니다. 1차 세계대전은 인류가 그동안 거의 경험하지 못했던 대규모의 끔찍한 전쟁이었습니다. 말 그대로 지옥이었지요. 1차 세계대전에서는 약 6000만 명이 전쟁에 참여하였고 그 가운데 900만 명이 목숨을 잃었습니다. 이 많은 사람들이 지옥을 경험하기 위해 전쟁을 시작했을까요? 그럴 리가 있겠습니까? 처음에는 좋은 의도로 시작한 것입니다. 돈을 많이 벌어 잘살기 위한 것이었지요. 그런데 여기에 결정적인 걸림돌이 있었습니다. 자본주의라는 경제의 구조입니다. 자급경제에서는 생산이 곧바로 소비와 결합되어 있기 때문에 생산만 많이 하면 잘 살 수 있습니다. 그런데 자본주의는 교환이 생산과 소비를 분리해 놓았기 때문에 생산만 많이 해서는 돈을 벌 수 없습니다. 그것을 다른 사람에게 팔아야만 합니다.

문제는 이 다른 사람이 무한정 존재하는 것이 아니라는 데에 있었습니다. 시장을 찾아서 전 세계를 샅샅이 뒤졌지만 결국 지구는 하나뿐이었기 때문입니다. 게다가 상품을 팔려는 사람도 원래 영국 한 나

라에서 여러 나라로 계속 늘어났습니다. 팔려는 사람은 늘어나는데 사 줄 사람은 한정되어 있었던 것이지요. 자본주의는 사회적 생산력과 기계 발명이라는, 생산을 대폭 늘리는 방법을 찾아냈지만 그것을 판매할 곳은 함께 만들어 내지 못했습니다. 사실 그것은 만들어지는 것이 아니지요. 그래서 생산과 소비는 일치할 수 없었습니다. 1차 세계대전은 바로 이 불일치가 원인이 되어 발발한 전쟁이었던 것입니다. 그런데 전쟁이 끝나고 나서도 이 불일치는 해결되지 않았습니다. 원인을 몰랐기 때문입니다. 일단 불일치 문제는 강제로 봉합되고 유예되었습니다. 불만을 제기했던 독일이 전쟁에서 졌고 독일은 새로운 시장은커녕 기존의 시장도 모두 빼앗기고 막대한 전쟁배상금까지 물어내야 했습니다.

그런데 이 문제의 원인이 어디에 있는지를 분명하게 보여 주는 사건이 터졌습니다. 1929년 10월 29일, 그날은 목요일이었습니다. 미국의 주식시장에서 대폭락이 일어나면서 경제는 완전히 붕괴되고 그 여파는 곧바로 유럽으로 확산되면서 세계경제 전체가 대혼란에 빠져들고 말았습니다. '대공황'이라고 부르는 사건입니다. 사태의 진원지 미국에서는 생산이 40퍼센트 이상 축소되었고 노동자의 4분의 1이 일자리를 잃었습니다. 세계 전체의 무역량도 4분의 1가량 줄어들었습니다. 그런데 의문이 떠올랐습니다. 미국은 1차 세계대전의 전쟁 피해를 전혀 입지 않은 나라입니다. 오히려 전쟁 물자를 유럽에 팔아먹느라 큰 돈을 벌었습니다. 미국경제는 전쟁 기간 동안 대호황을 누렸습니다. 당연히 생산도 크게 확대되었지요. 그런데 바로 거기에서 공황이 발발한 것입니다. 생산의 확대가 이런 위기와 밀접한 관련이 있다는 것이

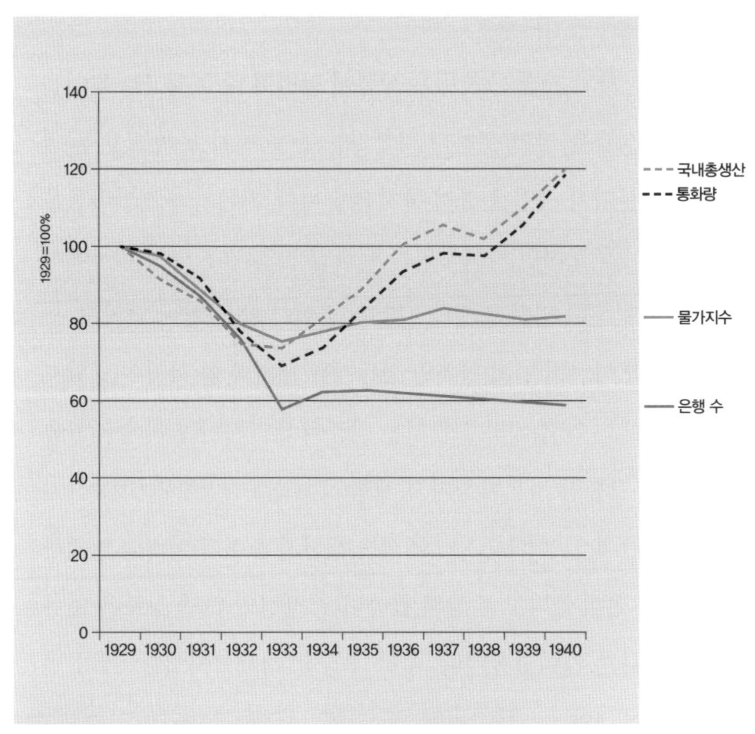

| 미국 주식시장의 대폭락은 경제 전체에 큰 타격을 입혔다. 1929년을 기점으로 미국 경제가 장기 침체 상태에서 쉽게 회복되지 못했음을 위쪽 그래프를 보면 확인할 수 있다. 또한 미국 경제의 침체는 전 세계로 빠르게 확산되어 모두가 일자리 없는 상태를 겪었다. 사진은 1929년 대공황 동안 사람들이 무료급식소 앞에서 줄을 서서 기다리는 캐나다 몬트리올의 모습이다. |

분명하게 드러난 것입니다.

실제로 공황의 가장 큰 특징은 상품이 팔리지 않고 재고로 쌓이는 현상입니다. 상품을 팔지 못하니 자본가는 돈을 벌지 못하고 돈을 벌지 못하니 자본가가 사업을 하려 하지 않습니다. 자본가가 경제활동을 멈추면 이들이 주도하던 자본주의는 끝장날 것입니다. 당시 미국에서는 금융시장에 돈이 넘쳐 났지만 그것을 빌어다 쓸 사람이 없었고, 노동시장에 일할 사람이 넘쳐 났지만 노동자를 데려다 쓸 사람이 없었으며, 상품시장에는 싼 값에라도 팔려는 상품이 많았지만 팔리지 않았습니다. 그런데 그동안 자본가들의 경제학(이 책의 첫 부분에서 경제학이 두 개란 얘기를 했던 것이 기억나시나요?)에서는 생산과 소비가 이처럼 일치하지 않는 일은 절대 없다고 주장해 왔습니다. 생산만 하면 상품은 얼마든지 판매된다는 것이었습니다. 이런 주장을 경제학에서는 '세의 법칙'이라고 부릅니다.

사실 자본주의는 생산과 소비가 분리된 경제이기 때문에 이 둘이 일치하지 않을 가능성이 구조적으로 존재합니다. 그래서 이런 문제점에 대한 의구심이 자본주의 초기부터 계속 제기되었고 이를 둘러싼 논란을 잠재워서 자본주의를 옹호하려는 힘이 컸지요. 경제학의 아버지라고 불리는 애덤 스미스가 '보이지 않는 손'이라고 했던 것이 바로 이 얘기이고 세의 법칙은 여기에 근거한 것입니다. 그렇기 때문에 이들 경제학에서는 생산과 소비의 불일치에 대한 예측도, 원인도, 해법도 전혀 가지고 있지 않았습니다. 그래서 공황은 사실 자본주의의 위기이자 자본가들의 경제학에도 위기였답니다. 물론 자본주의가 붕괴되면 자본가도 사라질 것이니 당연히 그렇게 되겠지만요.

그런데 이처럼 위기에 빠진 자본주의와 자본가 경제학을 모두 구출할 백마의 기사님이 나타났습니다. 영국의 경제학자 존 케인스였습니다. 그의 아이디어는 미국의 자동차 왕 헨리 포드에게서 비롯된 것이었습니다.

헨리 포드의 아이디어

1903년 자동차 회사를 설립한 헨리 포드는 자동차를 값싸게 만들 수 있는 방법을 연구했습니다. 당시 자동차는 오늘날의 항공기와 맞먹을 정도로 엄청나게 비싼 물건이었습니다. 많은 부품을 일일이 손으로 하나씩 만들어 조립하는 데 매우 많은 시간이 소요되었기 때문입니다. 자동차는 수공업 제품이었던 것입니다. 그는 부품들을 규격화하고 조립과정을 단순한 작업들로 분해함으로써 조립시간을 대폭 줄일 수 있는 방법을 고안했습니다. 기계화를 시도한 것이지요. 컨베이어 벨트라고 불리는 선로 위에 자동차가 얹혀서 천천히 이동하고 벨트를 따라서 있는 노동자들이 자기 앞으로 자동차가 올 때마다 각자 하나씩 부품을 조립해 나가는 방식입니다. 오늘날 우리가 자동차 공장에서 볼 수 있는 바로 그 풍경으로, 일관작업방식이라고 부르는 것입니다.

헨리 포드는 1913년 미국 자동차 산업의 메카라고 불리는 디트로이트의 교외 하이랜드 파크에 자리한 공장에 이 작업방식을 도입했습니다. 도입된 기계식 자동차는 T-모델이란 것으로 제품의 이름은 로

| 1913년 하이랜드 파크 공장에서 최초로 도입한 이동 조립 라인 앞에서 노동자들이 자동차 부품을 만들어 내고 있다. |

드스타라고 붙여졌습니다. T-모델의 생산성은 대단했습니다. 그것은 노동자 1인당 1대의 조립시간을 840분에서 93분으로 단축시켰습니다. 노동자들이 단순화된 작업에 익숙해지면서 생산성은 더욱 높아져서 도입된 지 10년이 지난 1925년에는 과거 1년 치의 작업량을 단 하루 만에 달성해 냈습니다. 값이 싼 자동차를 만들어 내는 데 성공한 것입니다. 생산력을 획기적으로 높인 것이지요. 그런데 자본주의 경제에서는 생산력을 높이는 것만으로 끝나지 않습니다. 그것은 교환을 거쳐 판매되어야만 합니다. "판매되지 않으면 아무것도 아니다!" 시스몽디란 스위스 경제학자가 자본주의를 빗대어 했던 말입니다. 엄청나게 많이 생산된 이 자동차를 어떻게 팔지요?

헨리 포드는 문제에 봉착했습니다. 이 문제를 해결하지 않으면 그가 애써 고안해 낸 새로운 작업방법은 아무런 쓸모가 없게 되고 무엇보다 자본가인 자신은 파산하고 말 것입니다. 그런데 자동차가 보통 사람들과는 거리가 먼 고가의 사치품이라는 인식을 타파하기는 매우 어려웠습니다. 아무리 가격을 내렸다고 알려도 사람들은 자동차에 대해서 아예 거들떠보려고도 하지 않았던 것입니다. 오늘날 우리가 비행기 가격이 내렸다는 소식을 듣는다고 해도 그 가격을 물어보거나 사려는 생각을 하기 어려운 것과 마찬가지입니다. 헨리 포드는 이런 사실을 미리 예상하고 있었고 그래서 그 해결책을 마련해 두고 있었습니다. 그는 그 자동차를 자신의 회사 노동자들에게 팔 생각이었습니다. 그러나 노동자들에게 그런 돈이 어디 있습니까?

헨리 포드의 공장에서 T-모델이 생산되기 전 자동차 가격은 980달

러였고 자동차 공장에서 일하던 노동자들의 하루임금은 평균 2.34달러였습니다. 헨리 포드는 하이랜드 파크 공장에서 T-모델을 생산하기 시작하면서 노동자들의 임금을 곧바로 5달러로 인상하였습니다. 두 배에 달하는 파격적인 임금 인상이었지요. 다른 자동차 공장의 자본가들은 헨리 포드가 미쳤다고 손가락질하고 그가 곧 망할 것이라고 장담했습니다. 지금까지 자본주의 방식의 돈벌이 원리는 노동자들에게 적은 임금을 주고 노동자들이 오래 일하도록 해서 두 노동시간의 차이를 최대화하는 것이었는데, 헨리 포드는 이것과 정반대되는 행동을 한 것이니까요. 그런데 헨리 포드는 그냥 임금만 인상한 것이 아니었습니다. 노동자들에게 인상된 임금차액으로 자동차를 사라고 한 것입니다. 단번에 목돈이 없으니 매월 차액으로 조금씩 갚아 나가라고도 했습니다.

임금의 차액은 하루에 2.66달러이고 한 달에 20일만 일한다고 가정해도 차액은 한 달에 50달러 이상이 됩니다. 원래 980달러였던 자동차 가격은 생산성의 증가로 가격이 계속 하락했습니다. 약 10년 뒤에는 350달러로 하락하였고 자동차를 사는 사람에게는 자동차를 계약하는 순간 80달러를 현금으로 돌려주는 판매기법이 도입되었습니다. 요즘 인터넷에 가입할 경우 우리가 경험하는 것으로 캐시백이라고 부르는 것입니다. 캐시백을 공제하고 순수한 자동차 가격은 270달러에 불과하고 그것은 인상된 임금차액을 5개월만 모으면 가능한 금액입니다. 포드 자동차 공장의 노동자들은 너나 할 것 없이 모두 자동차를 구입하였고

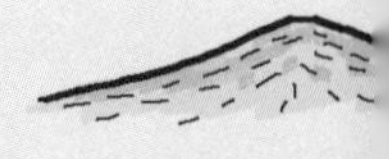

Ford

주말이면 근교로, 휴가 시에는 미국 전역으로 자동차를 몰고 돌아다녔습니다. 사람들 눈에 자동차는 이제 최상위층 사람들만 타는 고가의 사치품이 아니라 공장노동자들처럼 평범한 서민 누구라도 타는 생활 필수품처럼 바뀌어 버렸습니다. 가격도 그다지 높지 않다는 사실을 모두 알게 되었습니다.

미국의 모든 사람이 자동차를 구매하게 되었습니다. 1927년 로드스타는 무려 1500만 대가 팔렸습니다. 부족한 소비 문제는 해결되었습니다. 포드는 높아진 생산성으로 급격히 증가한 생산을 이처럼 소비와 일치시켰습니다. 생산과 소비의 불일치를 해결할 수 있는 방법을 헨리 포드는 몸소 실천해 보인 것이지요. 그는 자본주의의 생산력 증가가 대중의 소비를 필요로 하고 그것을 위해서는 노동자들의 임금을 인상하여 소비능력을 올려 주어야 한다고 생각했던 것입니다. 헨리 포드의 이 아이디어는 케인스에 의해, 똑같은 문제로 위기를 맞고 있는 자본주의의 일반적 원리로 발전되었습니다. 케인스주의라고 불리는 것입니다. 때로는 처음에 그 아이디어를 제공한 포드의 이름을 따서 포드주의라고도 불립니다. 그것은 자본주의에 유례없는 장기간의 호황을 만들어 냈습니다.

케인스의 복음

'소비는 미덕이다,' '블랙 프라이데이,' 많이 들어 본 얘기지요? 케인스에게서 비롯된 말들이랍니다. 케인스는 헨리 포드의 아이디어가 1929년 공황으로 위기에 빠진 자본주의를 구출할 수 있다고 생각했습니다. 물론 이런 생각은 기존의 경제학에서 오랫동안 신념처럼 굳어져 왔던 세의 법칙을 부정하는 데에서 출발하였습니다. 그는 사실 자본가의 경제학 분야에서 세의 법칙을 최초로 부정한 사람입니다. 그는 자본주의가 구조적으로 생산과 소비를 일치시킬 수 없는 문제점을 안고 있으며 공황은 바로 이 문제점이 현실로 드러난 것이라고 주장했습니다. 그는 이 불일치의 원인을 소비의 부족에서 찾았습니다. 헨리 포드의 아이디어가 나온 지점이지요. 생산은 문제가 없는데 사람들이 소비를 적게 하는 것이 문제라는 것입니다. 그래서 그는 소비의 확대가 필요하다고 주장했습니다. 사람들이 소비를 적게 하는 까닭은 돈이 없어서입니다. 그렇기 때문에 그는 사람들에게 돈을 주어서 소비를 늘리자고 주장했습니다. 그런데 누가 돈을 줄 수 있을까요?

돈은 원래 교환을 위한 수단으로 만들어진 것입니다. 교환의 기준이 인간의 노동시간이므로 돈은 노동시간을 나타내고 따라서 자신이 표시하는 노동시간을 포함하고 있어야 합니다. 화폐가 처음에 금과 은이었던 까닭은 바로 거기에 있습니다. 금화와 은화는 각기 그것들을 캐내는 데 들어가는 노동시간을 나타냈던 것입니다. 그런데 교환이 확대되면서 캐어낸 금과 은만으로는 도저히 표시할 수 없을 만큼 교환되는 상품의 양이 늘어나면서 종이로 만들어진 지폐가 등장했습니다. 그러나 지폐에는 노동시간이 들어가 있지 않습니다. 그래서 지폐는 언제든지 필요할 경우 실제 노동시간으로 환산될 수 있다는 '믿음'이 필요했습니다. 그런 믿음을 줄 수 있는 것은 한 사회의 노동시간을 모두 동

원할 수 있는 기구, 국가뿐입니다. 실제로 국가는 종이와 잉크만 있으면 지폐를 얼마든지 찍어 낼 수 있는 힘을 가지고 있습니다.

케인스는 국가가 돈을 찍어서 소비를 늘리면 생산과 소비의 불일치가 해소되면서 자본주의가 살아날 것이라고 주장했습니다. 마침 미국에서 공황이 발발했을 때 대통령 선거가 실시되었습니다. 대공황이 4년째 지속되고 있던 1932년 미국 역사상 가장 진보적이라고 알려진 프랭클린 루스벨트 대통령이 당선되었고, 그는 케인스의 아이디어를 채택하여 노동자들의 임금을 올려 소비를 늘리는 정책을 대대적으로 실시하였습니다. '뉴딜'이라고 알려진 정책입니다. 뉴딜은 처음에 약간 주춤거리긴 했지만 곧바로 이어진 2차 세계대전과 맞물리면서 대성공을 거두었고 전쟁이 끝난 후 미국의 주도하에 재편된 세계 자본주의에 적용되었습니다. 세계 자본주의는 이후 1970년대까지 역사상 유례없는 장기간의 호황을 누렸습니다. 이 시기를 자본주의에서는 '황금성장기'라고 부릅니다. 이런 번영을 처음 도입한 루스벨트는 미국역사상 유일하게 4번이나 대통령에 당선되는 기록을 세우기도 했습니다.

얼핏 여기까지만 보면 생산과 소비의 불일치라고 하는 자본주의의 문제를 케인스주의가 완전히 해결한 것처럼 보입니다. 실제로 전쟁 후 장기번영이 이루어지고 있는 동안 대부분의 사람들은 그렇게 생각하기도 했습니다. 그러나 그것은 근본적인 해결이 아니라 일시적인 해결이었습니다. 그것을 이해하기 위해서는 케인스주의의 내용과 성공 원인을 알아볼 필요가 있습니다.

먼저 케인스는 국가가 경제의 주도권을 잡아야 한다고 생각했습

| 대공황 이후 당선된 루스벨트 대통령은 대대적인 경제 회복 정책인 뉴딜을 실시하였다. 국가 차원의 지역 개발 정책을 실시하여 일자리 창출을 시도한 것도 그중 하나다. |

니다. 그것을 위해 가장 필요한 것은 돈이 외국으로 들락거리는 것을 막아야 합니다. 일껏 소비를 늘리기 위해 돈을 찍었는데 그것이 외국으로 흘러나가 버리면 허사가 되니까요. 이것을 막는 장치를 고정환율제라고 합니다. 그것은 모든 나라의 화폐가치를 고정시킨다는 말인데 이를 위해서는 하나의 기준 화폐가 필요합니다. 2차 세계대전이 끝날 무렵 미국의 브래튼우즈라는 곳에서 열린 국제회의에서 이 기준 화폐는 달러로 결정되었습니다.

일단 국가가 주도권을 잡은 상태에서 소비를 늘리기 위해서는 세 가지 장치가 필요합니다. 첫째, 소비의 주역은 대중을 이루는 노동자들이기 때문에 이들의 임금을 올려야 합니다. 임금은 자본가들이 주기 때문에 노동자들이 자본가들과 교섭하는 지위를 강화할 필요가 있었습니다. 그래서 만들어진 법이 '와그너 법'입니다. 이 법에는 노동자들이 노동조합을 자유롭게 결성하여 자본가들과 교섭할 수 있는 권리를 부여하고 있습니다. '노동권'이라고 부르는 것입니다.

둘째, 노동권이 제대로 행사되려면 노동자와 교섭하는 자본가도 독자적인 권리를 가지고 있어야 합니다. '경영권'이라고 부르는 것입니다. 왜냐하면 자본가는 항상 사업을 위해 돈을 빌리는데 돈을 빌려준 사람이 자본가에게 함부로 간섭하면 안 되기 때문입니다. 그래서 이들 두 사람 사이에 국가가 개입하여 경영권을 법적으로 보장해 주었습니다. 오늘날 '금융-산업 분리'('금산분리'라고 줄여서 부릅니다)라고 부르는 제도입니다.

마지막 세 번째는 돈을 빌려준 사람의 불만을 잠재울 수 있어야 합니다. 이를 위해서는 노동자의 임금을 올려 주어도 이들에게 돌아갈 수익이 충분히 보장되어야 합니다. 그것을 해결할 수 있는 수단이 마침 발명되어 있었습니다. 1900년경 테일러란 사람이 생산성을 획기적으로 증가시킬 수 있는 원리를 발견하였습니다. 그의 이름을 따서 '테일러주의'라고 알려진 것으로 포드가 자동차 공장에 적용했던 바로 그 원리입니다. 복잡한 작업과정을 분해하여 단순작업으로 바꾸는 것입니다. 이것은 두 가지 효과가 있습니다. 한 가지는 혼자서 수행하던 작업을 여러 사람이 나누어 수행하기 때문에 노동자들의 일자리를 대폭 늘릴 수 있습니다. 다른 한 가지는 작업이 단순화되어 노동자들이 쉽게 익힐 수 있기 때문에 생산력이 크게 상승할 수 있습니다. 생산에 들어가는 노동시간이 대폭 감소한 것이지요. 획기적으로 늘어난 생산성은 노동자들의 임금을 올려 주고도 돈을 빌려준 사람에게 충분한 수익을 제공할 수 있었습니다.

복음의 의미와 위기

케인스주의는 1933년 프랭클린 루스벨트의 뉴딜 정책과 함께 실천에 옮겨지기 시작했습니다. 그런데 앞서 케인스주의가 기존의 경제학에서 신봉하던 세의 법칙을 부정한다고 얘기하였지요? 이 말은 기존의 자본주의 체제를 부정한다는 말과 같은 의미를 갖습니다. 자본주의는 자급을 목표로 하는 경제를 교환을 중심으로 하는 경제로 바꾸었습니다. 자급을 위해 장원경제는 모든 경제활동을 엄격하게 규제하고 특히

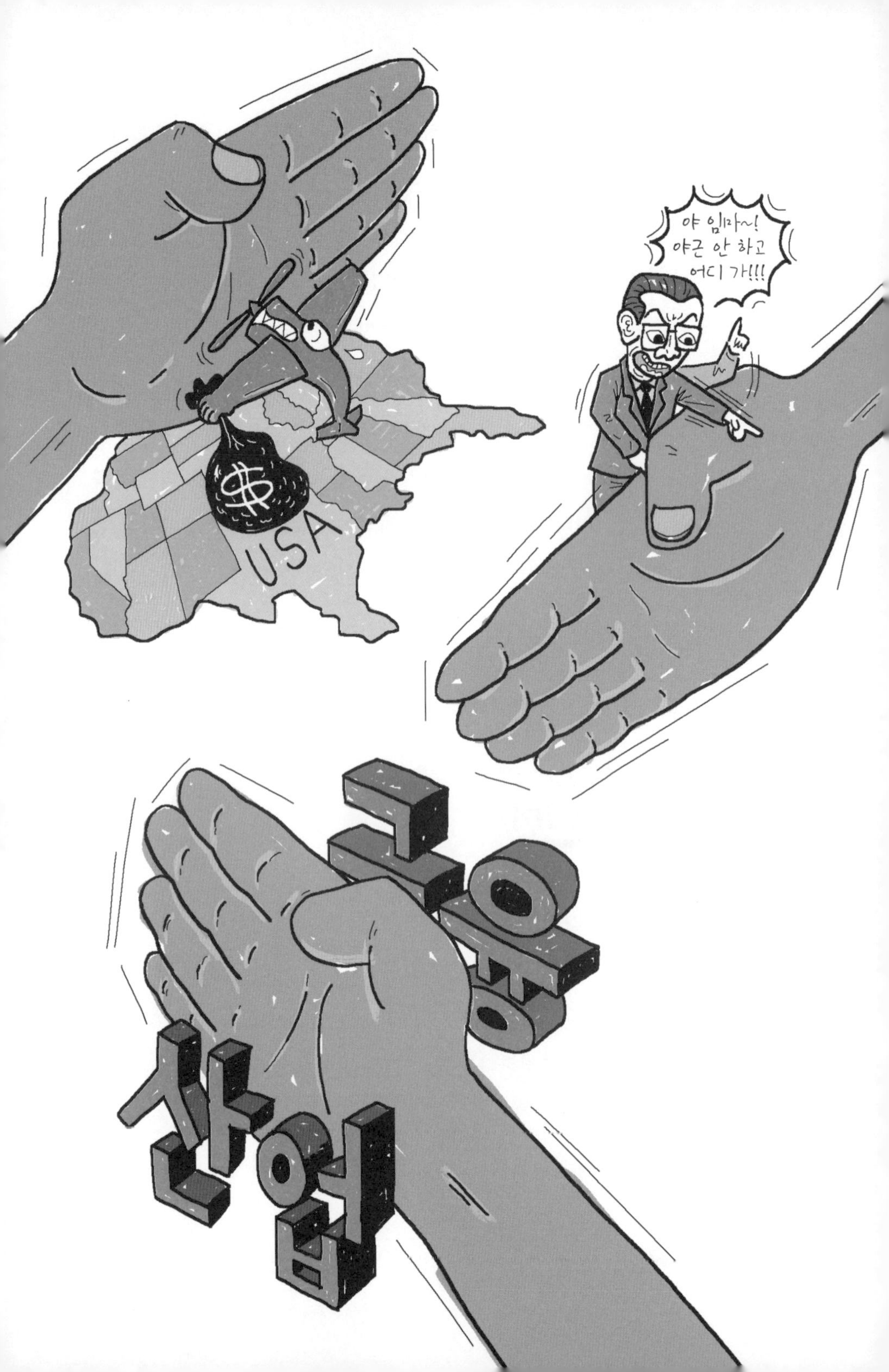
USA
야 임마~!
야근 안 하고
어디 가!!!
고용
산업

자급을 해치는 교환을 거의 금지하다시피 하였습니다. 자본주의는 바로 이런 규제를 타파해야만 등장할 수 있었습니다. 게다가 노동시간을 통한 돈벌이의 원리를 작동시키기 위해서는 영주에게 예속된 농노를 해방시켜야 했고, 애써 벌어들인 돈을 함부로 빼앗는 신분제도도 철폐해야 했습니다. 이 모든 것을 위해서는 무엇보다 자유가 중요했습니다.

프랑스혁명의 기치가 '자유, 평등, 박애'였던 것이 바로 그것을 말해 줍니다. 봉건사회의 마지막 모습이었던 절대주의에서 이런 모든 규제는 국왕에 의해 이루어졌고 혁명에서 내걸었던 자유는 바로 국왕이 대표하는 국가였습니다. 그래서 자본주의의 자유는 사실 국가의 규제로부터의 자유였습니다. 이런 이념을 '자유방임주의'라고 합니다. 자본주의는 자유방임주의에 기초한 체제였던 것입니다. 세의 법칙은 바로 이런 자유가 생산과 소비를 일치시킬 수 있다는 것이었습니다. 따라서 이 법칙을 부정하는 케인스주의는 자본주의에서 가장 중요시했던 자유를 부정한다는 의미를 가지고 있습니다. 실제로 그것은 돈이 외국으로 넘나드는 자유를 규제하고, 돈을 빌려주는 사람이 경영자에게 간섭할 수 있는 자유를 가로막았으며, 특히 자본가가 노동자로부터 노동시간을 마음대로 빼앗을 수 있는 자유마저도 규제하는 내용으로 이루어져 있습니다.

그리고 이 모든 규제는 자본주의가 처음 등장할 때 무너뜨렸던 바로 그 국가에 의해 이루어지는 것이었습니다. 케인스주의는 마치 절대주의가 되살아난 듯한 악몽처럼 비쳤습니다. 기존의 경제학자들과 자본가들은 모두 케인스주의를 반대하였습니다. 루스벨트의 뉴딜은 미국에서 자본주의 정신에 위배된다는 고발을 당했고 실제로 그런 판결을 받기도 했습니다. 그러나 공황이 가져온 치명적인 파국은 이런 저항을 모두 무력화시켰습니다. 위기는 명백했지만 케인스 외에는 아무도 대안을 제시하지 못했기 때문입니다. 그리고 역사의 교훈은 절대주의만 있는 것이 아니었습니다. 그리스와 로마의 교훈도 있었습니다. 사적 소유의 자유가 공동체를 와해시킨 경험이었지요. 게다가 국가가 경제의 주도권을 잡아야 할 사태가 외부에서 발생하였습니다. 1차 세계대전에서 패배한 독일이 다시 전쟁을 일으킨 것입니다. 2차 세계대전이었습니다.

2차 세계대전은 미국에서 시작된 케인스주의가 전 세계로 확산되는 계기가 되었습니다. 미국이 전승국가의 주도권을 잡고 있었기 때문입니다. 애초 두 번의 세계대전은 생산과 소비의 불일치를 해결하기 위한 식민지 재분할을 둘러싼 것이었고 그것은 전쟁으로 해결될 문제도, 지속적인 해결방식도 모두 아니었습니다. 어차피 지구는 한정되어 있는 데다 식민지로 편입된 나라들이 독립을 위해 저항을 멈추지 않을 것이기 때문입니다. 게다가 1차 세계대전 이후 러시아에는 혁명을 통해 소비에트연방공화국(소련이라고 줄여서 부릅니다)이란 노동자 국가가 들어서 있었고 소련은 식민지의 독립운동을 지원하고 있었습니다. 2차 세계대전 이후 자본주의 국가들은 소련과 경쟁을 하게 되었고, 이런 상황에서 식민지를 그대로 유지하는 것은 불가능했습니다.

2차 세계대전은 1차 세계대전에 비해 훨씬 더 끔찍했습니다. 전쟁비용은 7배나 많이 들었고 무려 2200만 명이 목숨을 잃었으며 부상을 입은 사람도 3400만 명이나 되었습니다. 전쟁을 치른 국가들 사이에 근본적이고 지속가능한 해결책이 필요하다는 합의가 만들어졌고 그 해결책은 생산과 소비의 불일치를 해결할 수 있는 케인스주의뿐이라는 데 아무도 이의를 제기할 수 없었습니다. 그리하여 세계 전체에서 자본주의는 자유주의적 자본주의에서 규제적 자본주의로 그 성격이 완전히 바뀌었습니다. 규제적 자본주의의 성과는 대단했습니다. 무엇보다 자본주의는 위기를 벗어났고 위기의 징후이기도 했던 경기의 변동도 더는 나타나지 않았습니다. 자본주의는 30여 년 동안 소비의 부족 없이 생산과 소비가 일치하고 돈벌이가 순조롭게 이루어지는 '황금성장기'를 누렸습니다.

케인스주의의 이런 성공은 기존의 자본주의가 부닥친 구조적인 모순을 상당 부분 해결했기 때문이었습니다. 먼저 생산력의 획기적인 증가에 유념할 필요가 있습니다. 기존의 생산력을 훨씬 뛰어넘는 새로운 생산력을 만들어 낸 것입니다. 바로 분업의 원리를 한층 더 높인 테일러주의가 바로 그것입니다. 경제는 생산력이 상승하는 방향으로 나아간다는 역사적 교훈이 확인되었습니다. 그리고 생산관계에도 혁신이 있었습니다. 사적 소유의 극단적인 확대가 공황이라는 파국을 가져왔고 이것을 국가를 내세운 공동체적 소유가 개입하여 그 모순을 상당 부분 해소한 것입니다. 하지만 1970년대에 접어들면서 케인스 처방의 효과가 바닥났다는 징후가 나타나기 시작했습니다. 케인스주의가 위기를 맞게 된 것입니다.

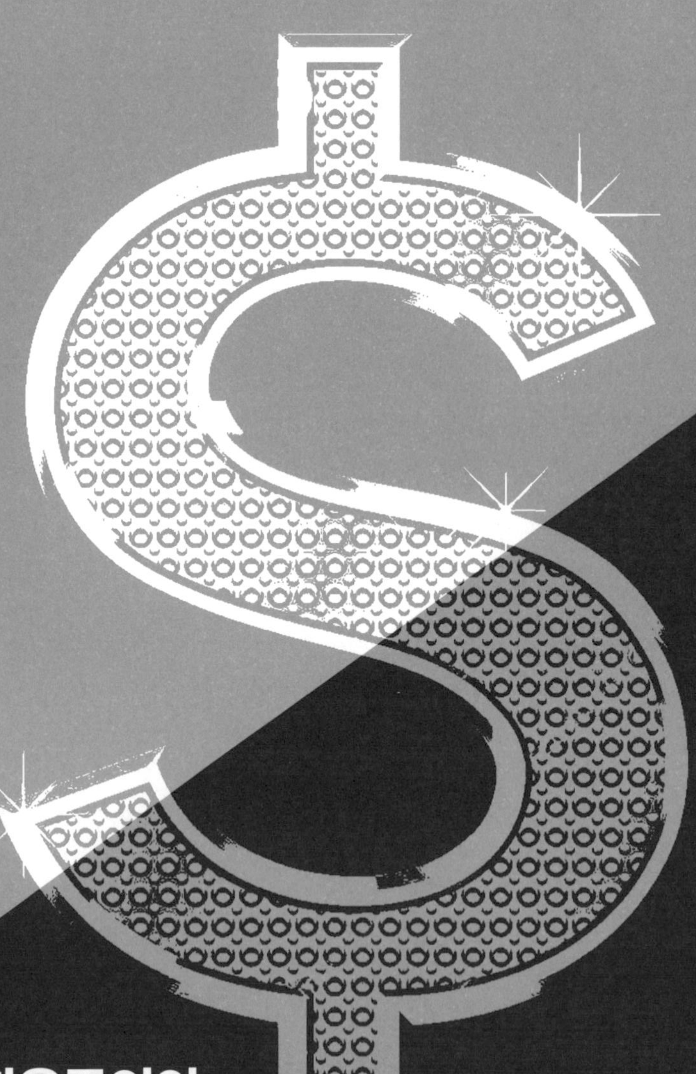

4 신자유주의의 등장과 또 하나의 파국

케인스주의의 동요

"게임 이름은?" 월가의 대선배 마크가 조던에게 물음을 던집니다. 그러곤 곧바로 스스로 답합니다. "고객 주머니에서 돈을 털어내기이지! 네 주머니로 말이야!"

순진한 신참내기 조던이 그 말을 받아서 이렇게 말합니다.

"고객의 돈이 늘어나고 있을 동안 말이지요? 그것은 서로에게 이익이 되는 윈윈게임이지요?"

"아냐!" 마크는 단언하듯이 외칩니다. 그러곤 대선배답게 거드름을 피우며 이렇게 가르칩니다.

"월스트리트의 첫 번째 룰, 아무도 주가가 오를지 내릴지 모른다네. 모든 주식중개인은 푸가지(헛것을 가리키는 일종의 은어), 즉 존재하지 않는 가짜, 환상을 만들어 내야만 해. 그것은 진짜가 아냐! 우린 아무것도 만들어 내지 않아! 일단 고객을 잡아서 8에 주식을 사서 16에 팔아. 그러면 고객은 행복해하고 그것을 팔려고 하겠지. 그리고 돈을 챙겨서 집으로 가려고 하겠지. 하지만 자네는 그것을 절대 못하게 해야 해! 그러기 위해서 새로운 사업, 새로운 주식을 제시하여 그를 재투자하게 해야 해. 이것이 반복되면서 고객은 중독이 되는 거지. 그것을 계속해서 그렇게 하도록 해야 해! 그는 자신이 큰 부자가 되었다고 생각하겠지. 종이에 적힌 숫자를 보면서 말이야. 하지만 자네와 나 같은 주식중개인은 진짜 현금을 챙겨서 집으로 가. 중개수수료를 받아서 말이야!"

영화 〈월스트리트의 늑대〉에 나오는 장면입니다. 케인스주의로 더는 돈을 벌 수 없게 된 자본가들이 새롭게 고안해 낸 돈벌이 방법의 요체를 알려 주고 있습니다. 이른바 신자유주의라는 새로운 경제제도입니다. 그것은 어떻게 등장하게 되었을까요? 그것의 싹은 케인스주의의 실패로부터 돋아났습니다.

위에서 케인스주의를 설명할 때 한 가지 얘기하지 않은 것이 있습니다. 케인스는 소비를 늘리기 위해 정부가 돈을 찍어 내야 한다고 했지요? 그런데 돈을 무작정 찍어 내면 당연히 곤란한 일이 발생합니다. 생산은 그대로인데 화폐만 찍어 내면 그만큼 물가가 상승하기 때문입니다. 물가라는 것이 생산에 들어간 노동시간을 화폐로 표시한 것에 불과하기 때문입니다. 연간 생산한 총 노동시간(이것을 국민총생산이라고 하고 GNP로 표기합니다. 요새는 외국과의 무역 부분을 뺀 국내총생산을 주로 사용하고 GDP로 표기합니다)이 1시간이고 국가가 찍어서 시중에 풀어놓은 총 화폐량이 10원이라고 합시다. 여기에서 생산은 그대로인데 화폐만 1원 더 찍어 내면 1시간의 노동은 10원에서 11원이 될 것입니다. 물가가 상승하는 것이고 이런 현상을 인플레이션이라고 부릅니다.

따라서 케인스주의의 효과가 지속되기 위해서는 이 문제에 대한 해법이 있어야 합니다. 즉 정부가 자신이 찍어 낸 돈을 다시 거두어들여야 합니다. 그런데 정부에게는 그럴 수 있는 강력한 수단이 있습니다. 세금이라는 것이지요. 사실 정부는 원래 생산은 하지 않고 소비만 하는 기관이고 그 소비의 재원은 세금입니다. 정부를 제외한 경제활동 영역을 대개 민간부문이라고 부르는데, 자본주의에서 생산은 주로 민간부문에서만 수행합니다. 정부는 민간부문의 생산 활동에 대해서 세금을 부과하고 그것으로 소비를 하는 것입니다. 따라서 케인스주의의 작동 원리는, 정부가 돈을 풀어 소비를 늘려 주면 상품을 판매하지 못해 위축되어 있던 민간부문의 생산이 다시 증가하고 이 늘어난 생산 활동에 대해 세금을 거두면 정부는 원래 자신이 찍어 냈던 돈을 다시 거두어들일 수 있는 구조로 되어 있습니다.

결국 관건은 정부가 새로 찍어 낸 화폐를 세금으로 도로 거두어들일 수 있어야 하는 것입니다. 그런데 정부가 이 균형을 맞추지 못하는 상태가 나타나기 시작했습니다. 먼저 생산이 정체되기 시작했습니다. 테일러주의가 만들어 낸 생산성의 증가는 처음부터 한계가 있는 것이었습니다. 그것은 복잡한 작업과정을 단순한 작업으로 분해하는 것이었고 이런 분해에는 결국 한계가 있는 법이니까요. 게다가 이 원리는 작업을 수행하는 사람의 기분 따위는 전혀 고려하지 않았습니다. 사람을 그냥 기계와 마찬가지로 작업만 수행하는 도구로 간주했던 것이지요. 작업 그 자체는 구조가 단순화되면 속도를 높일 수 있어서 생산성이 올라갑니다. 하지만 사람은 지나치게 단순한 일을 하면 기분이 나빠집니다. 대학에서 복잡한 그래프와 함수를 열심히 공부한 사람이 막

| 찰리 채플린은 〈모던 타임스〉를 통해 인간을 기계처럼 다루는 자본주의의 속성을 폭로하는 데 성공했다. |

상 직장에서는 술 접대 영업만 할 때 느끼는 비애감, 자괴감 같은 것이지요. 게다가 똑같은 일을 반복하면 따분하고 지루해집니다. 하기 싫어지는 것이지요.

찰리 채플린이 주연한 영화 〈모던 타임스〉는 이처럼 테일러주의로 인해 기계의 단순한 부속품으로 전락한 사람의 비애를 잘 그려 낸 것으로 유명합니다. 기분이 나빠지면 당연히 일할 맛이 나지 않습니다. 일의 속도가 떨어져서 생산성이 하락하고 아예 직장에 출근도 하기 싫어집니다. 그래서 무단으로 결근하는 일이 자주 발생합니다. 테일러주의가 가장 전형적인 형태로 적용된 것이 자동차 공장인데요, 이들 공장에서 사용하는 용어 가운데 '예비율'이라는 것이 있습니다. 갑자기 무단으로 결근하는 사람이 하도 많아 여기에 대비하여 실제로 작업에 필요한 사람보다 더 많은 수의 노동자를 고용하고 있는 비율을 말합니다. 대개 7~8퍼센트 정도가 될 정도이니 이 문제가 얼마나 심각한지 알 수 있습니다.

케인스주의의 몰락

테일러주의가 자본주의에서 본격적으로 도입된 것은 1900년대입니다. 1960년대 후반으로 접어들면서 이것의 한계가 드러나기 시작했습니다. 생산성은 하락하고 노동자들의 결근이 늘었습니다. 게다가 생산만 줄어든 것이 아닙니다. 테일러주의로 만든 물건은 똑같은 반복작업으로 만들기 때문에 규격과 모양이 똑같은 판박이들입니다. 사람들은 처음에는 단순한 필요 때문에 물건을 사지만 필요를 충족시키고 나면 그다음에는 필요 이상의 것을 문제로 삼습니다. 디자인이나 특별한 성능 같은 것 말입니다. 자동차를 처음 구입할 때는 무조건 '자동차'이기만 하면 되지만 일단 자동차를 갖고 나면 그다음에는 '어떤' 자동차인지가 문제가 되는 것입니다. 케인스주의가 도입되기 전인 1930년대까지만 해도 노동자들은 집이 없이 코딱지만 한 방에서 옹기종기 모여 살았고 가재도구란 것도 거의 없었습니다. 가끔 이들 시기의 영화들을 보면 노동자들이 이사를 갈 때 옷가지 몇 개를 넣은 가방만 하나 달랑 들고 가는 모습을 확인할 수 있습니다.

1940년대 이후 케인스주의는 이들 노동자에게 임금을 대폭 올려 주고 높은 생산성 덕분에 저렴해진 물건을 대량으로 공급해 주었습니다. 그래서 노동자들은 과거에는 꿈도 꿀 수 없었던 온갖 종류의 물건을 구매하였습니다. 냉장고, 가스레인지, 세탁기 등의 가재도구에다 자동차까지 구매하게 되었습니다. 이들 물건이 대부분 흰색으로 되어 있다고 해서 이것을 '백색혁명'이라고 부릅니다. 거기에다 2차 세계대전은 모든 것을 파괴해 버렸습니다. 모든 것을 새로 구매해야 했지요. 그래서 테일러주의는 대량생산을 통해 이런 수요를 충족시킬 수 있었고 이 기간 동안 물건은 만들어지는 대로 날개 돋친 듯이 순식간에 팔려 나갔습니다. 그런데 1960년대가 되자 대부분의 노동자들이 가질 수 있는 물건은 거의 다 갖게 되었습니다. 소비가 정체되기 시작한 것이지요. 생산성의 정체에 소비의 정체가 겹치면서 자본가들의 돈벌이는 침체되었습니다. 당연히 정부의 세금도 줄어들 수밖에 없었습니다.

세금이 이처럼 줄어들었는데 정부의 소비는 오히려 늘어났습니다. 케인스주의를 주도하는 미국에서 이 문제가 불거졌습니다. 도화선이 된 것은 베트남 전쟁이었습니다. 미국은 소련과의 냉전에서 아시아의 교두보를 확보하기 위해 프랑스로부터 독립한 베트남에 진출하였습니다. 통킹만에 있던 미국 군함 한 척이 침몰하고 그것이 북베트남 군대의 공격에 의한 것이었다고 주장한 것입니다(나중에 미국이 스스로 조작한 사건이었다는 것이 드러났습니다). 전쟁은 1965년에 시작하여 1975년에 끝났습니다. 전쟁은 십자군 전쟁과 흡사했습니다. 처음에는 이길 것 같았지만 곧바로 긴 패배의 수렁으로 빠졌습니다. 엄청난 비용이 지출되었고 그것은 세금으로 충당되지 못해 막대한 정부의 빚으로 남았습니다.• 전쟁비용으로 미국정부는 111억 달러(2008년 가치로 686억 달러, 우리나라 화폐로 환산하면 현재의 환율로 70조 원이 넘는 돈입니다)를 지출하였습니다.

세금과 소비의 균형이 깨어진 케인스주의는 이제 더 작동될 수 없었습니다. 화폐를 찍어 내면 세금으로 회수가 되지 않아 고스란히 화폐가치의 하락을 가져왔고 인플레이션이 심각해졌습니다. 경제는 어려워졌습니다. 생산이 줄면서 고용도 줄고 노동자들의 임금도 정체되

• 보통의 기업이나 가정에서는 빚이 지나치게 늘어나면 파산한다. 경제적으로 쫄딱 망하는 것이다. 그런데 희한하게도 정부는 그렇지 않다. 정부는 많은 빚을 져도 쉽게 파산하지 않는다. 왜냐하면 정부는 국민들에게서 계속 세금을 거두어들일 수 있고 따라서 미래의 수입이 지속적으로 예정되어 있기 때문이다. 그렇기 때문에 정부는 미래의 수입을 담보로 빚을 계속 끌어다 쓸 수 있다. 하지만 물론 미래의 수입에도 한계가 있기 때문에 과도한 빚은 자칫 정부도 파산의 위기로 내몬다. 최근 그리스나 미국 등 전 세계의 정부들에서 바로 이런 위기가 문제로 불거졌는데 이것들이 모두 케인스주의의 실패가 남긴 유산이다.

었습니다. 모두의 수입은 감소하였는데 거꾸로 물가는 치솟았습니다.•
당연히 모두가 살기 어려워졌지요. 특히 자본주의를 이끌던 자본가들은 돈벌이의 길을 잃었습니다. 케인스주의는 위기를 맞게 되었습니다.

금융자본가들의 반란

인플레이션이 발생하면 화폐를 가지고 있는 것이 손해가 됩니다. 화폐는 곧 노동시간을 표시하기 때문에 그만한 노동시간이 들어간 상품을 구매할 능력을 가지고 있습니다. 그런데 인플레이션이 발생하여 화폐 가치가 떨어지면 어제 구매할 수 있던 상품을 오늘은 더 많은 화폐를 주어야 구매할 수 있게 됩니다. 인플레이션이 10퍼센트 발생할 경우 원래 1시간 노동과 교환되던 10원의 화폐는 이제 11원이 되어야 1시간과 교환될 수 있습니다. 어제 10원과 1시간의 노동을 교환한 사람은 오늘 1원을 손해보게 됩니다. 그래서 인플레이션이 발생하면 사람들은 가능한 한 화폐보다는 노동시간을 포함하고 있는 물건을 그대로 가지고 있으려 합니다. 경제학에서는 실물에 의존한다고 표현하는 현상입니다. 자연히 교환이 잘 이루어지지 않습니다. 자본주의는 교환에 의존하는 경제이므로 교환이 정체되면 자본주의는 위기를 맞게 됩니다. 물론 교환을 통해 이루어지던 돈벌이도 어렵게 됩니다. 대개 불황

• 보통 화폐를 찍어 내면 일시적으로 시장에서 수요가 늘기 때문에 생산도 함께 늘어나지만 이상하게도 케인스주의가 실패한 상황에서는 화폐를 찍어 내도 생산이 줄어드는 현상이 발생하였다. 이런 특이한 현상을 따로 스태그플레이션이라고 부른다.

혹은 경기침체라고 부르는 상태이지요.

케인스주의에서 화폐가치가 하락하자 가장 심각한 타격을 받은 사람은 돈을 빌려주는 사람들이었습니다. 이 사람들은 돈을 빌려주고 이자를 받는 사람들로 대개 금융자본가라고 부릅니다. 은행가가 가장 대표적인 사람이지요. 화폐를 가지고 있으면 손해를 보니 당연히 사람들은 화폐를 빌어다 쓰려고 하지 않았습니다. 화폐를 쓰려는 사람이 줄어드니 이자율도 하락하였습니다. 금융자본가들은 수입이 줄면서 타격을 받았습니다. 인플레이션을 멈추기 위해서는 정부가 돈을 찍어내지 않아야 하는데 정부는 줄어드는 세금과 늘어나는 전쟁비용으로 돈을 계속 찍어 냈습니다. 이런 사태는 1960년대부터 시작되어 1970년대 내내 계속되었습니다.

정부를 압박할 필요가 있었습니다. 그러나 정부는 케인스주의자들이 장악하고 있었고 이들의 목소리는 잘 전달되지 않았습니다. 아무래도 정부를 바꾸어야겠다고 이들은 생각했습니다. 정부는 선거에 의해 선출되기 때문에 선거에 개입할 필요가 있었습니다.

금융자본가들은 선거를 기다렸고 드디어 때가 왔습니다. 1979년과 1980년, 자본주의를 처음 주도한 영국과 2차 세계대전 이후 자본주의를 주도하고 있는 미국에서 함께 선거가 있었습니다. 미국은 사실상 영국이 식민을 통해 건설한 나라라서 두 나라는 형제나 다름없습니다. 금융자본가들이 선거자금을 대고 이들의 이해를 대변하는 두 정당이 나섰습니다. 영국의 보수당과 미국의 공화당입니다. 영국에서는 마거릿 대처라는 여자가 수상으로, 미국에서는 로널드 레이건이라는 할리

| 금융자본가들의 이해를 대변하면서 신자유주의 시대를 연 영국 수상 대처와 미국의 40대 대통령 레이건. |

우드 배우 출신의 남자가 대통령으로 입후보를 하였습니다. 그런데 금융자본가들은 원래 자본주의에서 그 수가 얼마 되지 않습니다. 선거에 이기기 위해서는 다수의 국민들을 자신들의 편으로 끌어들일 필요가 있었습니다. 그래서 이들의 이해를 대변하는 경제학자들이 동원되었고 대대적인 캠페인이 시작되었습니다.

허울 좋은 구호: 모두에게 번영을!

이들이 내건 기치는 '국가의 퇴각!'이었습니다. 경제에서 국가가 손을 떼고 물러나라는 것이었지요. 그런데 이 구호는 새로운 것이 아니었습니다. 우리도 앞서 본 적이 있지요. 자본주의가 처음 시작될 때 돈벌이의 자유를 얻기 위해 상인들이 국왕을 상대로 싸우면서 사용하던 모토가 바로 이것이었습니다. 국가가 경제에서 손을 떼고 경제를 '자유방임' 상태로 내버려 두어야 한다는 것이었지요. 이들이 자유를 강조했기 때문에 이들의 주장을 '자유주의'라고 불렀습니다. 이제 똑같은 얘기가 다시 반복되었기 때문에 그것은 과거의 자유주의와 구별하여 '신자유주의'라고 불렀습니다. 신자유주의 경제학자들은 국가의 경제 개입이 가져온 폐단을 부각시켜서 공격했습니다. 공격의 핵심은 효율이 낮다는 것이었습니다. 이들은 민간부문의 효율성과 국가가 운영하는 공공부문의 효율을 비교하면서 이런 낮은 효율 때문에 경제가 어려워졌다고 주장했습니다.

그렇다면 당연히 대안이 무엇인가가 문제가 되었습니다. 이들은 먼저 효율을 높여야 경제가 좋아질 것이라고 주장했습니다. 그런데 국가를 제외하면 경제활동을 주도할 사람은 민간부문의 사적 자본가들이 운영하는 기업뿐입니다. 따라서 이들이 말하는 효율은 기업의 효율이고 기업은 수익을 목표로 하는 조직입니다. 따라서 이들이 말하는 효율은 기업의 수익을 말하는 것이고 그것은 곧 돈벌이의 효율이었습니다. 기업이 수익을 높이기 위해서는 기업의 경제활동을 규제하는 것들을 모두 제거해야 한다고 이들은 주장했습니다. 2007년 우리나라의 이명박 대통령이 '전봇대 뽑기'라고 한 얘기나 2012년 박근혜 대통령이 '손톱 밑 가시 뽑기'라고 했던 말들은 모두 이것을 가리킵니다. 이들 규제는 모두 케인스주의에 의해 정부가 만들어 놓은 장치들을 표적으로 삼고 있습니다. 고정환율제, 금융-산업 분리, 노동권의 보호 같은 것으로, 지나친 돈벌이의 사적 이해를 공동체의 이해를 위해 규제한 것들이었지요. 이들의 모토가 '국가의 퇴각!'이었던 것은 바로 이 때문입니다.

그런데 누구나 알다시피 기업은 투표를 하는 일반 국민들이 아닙니다. 국민 대다수의 표를 끌어들이기 위해서는 기업의 수익이 일반 국민들의 수익이 될 수 있다는 논리가 필요했습니다. 그래서 등장한 것이 '낙수효과'라는 말입니다. 국가가 물러나고 나면 가장 앞자리에서 경제를 이끄는 것이 기업이고 국민들은 이들 기업을 따르기만 하면 된다는 것이었습니다. 제일 앞자리의 기업이 수익을 충분히 많이 올리면 그것이 흘러넘쳐서 바로 뒷자리의 국민들에게도 '떡고물'이 떨어질 것이라는 얘기입니다. 이들은 이런 낙수효과에 기대어 '모두에게 번영을!' 약속했습니다. 케인스주의의 약발이 이미 떨어져 낙심하고 있던 일반 국민들은 달리 대안이 없었습니다. 속는 셈치고(?)(물론 경제는 생계가 걸린 것이기 때문에 정말 속아서는 안 되는 것입니다) 이들의 약속을 한번 믿어 보기로 했습니다.

신자유주의 경제학의 캠페인은 성공했습니다. 다수 국민들은 이들을 지지하였고 그 결과 1979년 영국에서는 보수당이, 1980년 미국에서는 공화당이 선거에서 승리하였습니다. 케인스주의는 끝장나고 자본주의는 신자유주의로 개편되었습니다. 위기에 빠진 자본주의는 다시 한 번 백마를 탄 기사를 맞았고 새로운 시대를 열었습니다. 그런데 이들이 했던 약속은 과연 지켜질 수 있는 것이었을까요? 사람들은 그다지 오래지 않아 대답을 얻었습니다. 그것은 거짓이었고 환멸로 돌아왔습니다. 그것은 케인스주의 이전의 자본주의, 즉 '노동빈곤'의 민얼굴을 그대로 드러낸 자본주의, 바로 우리가 지금 맞닥뜨리고 있는 '헬조선'이었던 것입니다.

신자유주의의 전개: '똥개 계약'과 '녹색지대'

신자유주의의 신호탄은 1979년 10월 미국의 중앙은행인 연방준비제도 이사회 의장 볼커에 의해 올랐습니다. 영국에서는 같은 해 5월 보수당이 선거에서 이겼지만 미국에서는 아직 선거가 1년 남아 있었습니다. 볼커는 기존의 케인스주의를 완전히 뒤집는 신경제정책이라는 것을 발표했습니다. 돈이 국경을 넘나드는 것을 막는 장치인 고정환율제가 폐지되었고 국가가 돈을 더 이상 찍지 않는 것으로 경제정책의 방향이 크게 바뀌었습니다. 하지만 그것은 단지 신호탄에 불과했습니다. 곧이어 1980년 11월 미국에서도 공화당이 선거에서 승리하면서 로널드 레이건 정부가 들어섰습니다. 대서양을 사이에 둔 영국과 미국 모두에서 신자유주의 경제정책이 본격적으로 전개되기 시작했습니다.

케인스주의가 만들어 놓은 규제의 장치는 크게 세 영역에 있었습니다. 하나는 각 나라가 독립성을 유지하기 위해 필요한 고정환율제였습니다. 그것은 다른 나라의 화폐가 함부로 들락거리는 것을 막고 국가가 국내의 화폐를 독점적으로 운영할 수 있도록 하는 장치였습니다. 그런데 이 고정환율제는 이미 볼커가 폐지해 놓은 상태였습니다. 고정환율제의 특징은 한 나라가 그것을 풀어 버리면 다른 나라가 그것을 유지할 수 없다는 데에 있습니다. 구멍이 한 군데라도 뚫리면 다른 곳을 아무리 틀어막아도 물은 새어 나갈 수밖에 없기 때문입니다. 그래서 첫 번째 장치는 이미 제거되었습니다.

두 번째 장치는 돈을 빌려주는 금융자본가와 이들의 돈을 빌어다 쓰는 산업자본가 사이의 규제였습니다. 금융자본가가 산업자본가에게 함부로 간섭을 하지 못하도록 중간에 정부가 끼어 있는 것이지요. 그래서 금융시장에서 정부가 완전히 발을 빼는 조치가 취해졌습니다. 대개 '금융자율화'라고 부르는 것으로 1980년 미국에서 금융개혁법의 발효를 통해서 이루어졌습니다. 우리나라에서는 1997년 외환부족사태가 발생했을 때 국제통화기금(IMF)이 부족한 외환을 잠시 빌려주는 대가로 억지로 도입하도록 하였습니다.

마지막 세 번째 장치는 산업자본가와 노동자 사이에 놓여 있는 것이었습니다. 노동자들이 기업의 성과에 따라 임금을 함께 올릴 수 있도록 하는 장치였지요. 노동자들에게 자본가를 압박할 수 있도록 노동조합을 결성해서 자본가와 임금을 협상할 수 있는 권한을 법적으로 부여했습니다. 노동권, 혹은 단체교섭권이라고 부르는 것입니다. 영국의 대처와 미국의 레이건은 이 권리를 무력화시키기 위해 노동조합에 대한 공격을 시작했습니다. 미국에서는 관제사 노동조합이, 영국에서는 탄광노동조합이 본보기 표적이 되었습니다. 1981년 레이건은 파업에 참여한 관제사 1만 1000명을 일시에 해고하고 이들의 재취업을 철저하게 막았습니다. 완전히 길거리로 내쫓은 것이지요. 대처는 1981년부터 탄광노조와 싸움을 준비하였고, 1983년 국영탄광 20곳을 폐쇄하고 광산노동자 2만 명을 한꺼번에 해고하는 계획을 발표하여 탄광노조의 파업을 유도한 다음 파업을 무력으로 진압하였습니다.

일단 노동조합을 무력화시킨 다음 대처와 레이건은 기업이 노동자들을 마음대로 해고하는 것은 물론 임금도 마음대로 깎을 수 있는 자유를 부여하였습니다. 우리가 오늘날 '노동유연화'라고 부르는 것입니다. 갑자기 많은 노동자들이 비정규직으로 내몰리면서 고용은 불안해지고 임금은 삭감되었습니다. 노동자들은 새로 취업을 할 때 노동조합을 결성하지 않겠다는 서약을 해야만 취업을 할 수 있었습니다. 무조건 말을 잘 듣도록 만드는 모욕적인 고용계약이라고 해서 '똥개 계약'(한자어로 고상하게 '황견 계약(yellow dog contract)'이라고도 부릅니다)이라고 널리 알려진 것입니다. 노동조합이 이미 결성되어 있는 공장은

그것을 폐쇄해 버리고 다른 지역으로 공장을 옮겨 똥개 계약을 통해 새로 노동자들을 뽑을 수 있도록 각종 제도를 통해 지원해 주었습니다. 지역단체장들이 이런 공장들을 유치하기 위해 아예 노동조합의 설립을 금지하는 지역도 생겼습니다. 이런 지역은 모든 장애물이 제거된 널따란 골프장의 풀밭을 연상시키기 때문에 '녹색지대(Greenfield)'라고 부릅니다.

이렇게 해서 케인스주의가 만들어 놓은 장치들은 모두 제거되었습니다. 모든 곳에서 규제가 사라지고 자유가 마음껏 허용되었습니다. '헬조선'의 한국 사회에서 우리가 오늘날 곳곳에서 마주치는 모든 현상이 이렇게 만들어졌습니다. 그러나 그것이 모든 의미의 자유는 아니었습니다. 그 자유는 오로지 돈벌이의 자유였습니다. 자본주의에서 돈벌이를 주도하는 자본가들만의 자유였던 것이지요. 이들이 주장했던 것처럼 (돈벌이의) 효율은 대폭 증가하였습니다. 케인스주의에서 정체되어 있던 기업의 수익이 급격히 늘어난 것입니다. 산업자본가의 경우, 고정환율제가 제거되었기 때문에 환율이 유리한 곳으로 돈을 옮기기만 해도 돈을 벌 수 있었고, 금융자율화를 통해 산업자본가에게 보다 많은 수익을 내라고 직접 압력을 행사할 수 있게 되었습니다. 수익을 충분히 내지 못하는 산업자본가는 금융시장의 신용평가를 통해서 파산시킬 수 있었고 주주총회에서 해임할 수도 있었습니다.

산업자본가는 이런 금융자본가들의 압력에 대하여 노동자들을 압박하여 수익을 뽑아낼 수 있게 되었습니다. 멀쩡한 노동자를 비정규직으로 만들어서 임금을 깎고 노동조합을 결성하면 모두 해고해 버릴 수 있으니까요. 모든 것이 수익을 높이는 것들입니다. 신자유주의는 가히 돈벌이의 천국을 만들어 낸 것입

니다. 자본주의는 이제 위기를 벗어난 것처럼 보였습니다. 그런데 이들이 장담했던 것은 자신들의 수익만이 아니었습니다.

이들은 선거에서 이기기 위해 다수의 국민 대중들에게 그런 수익의 떡고물이 아래로 전달되는 '낙수효과'를 약속했습니다. 이 약속은 어떻게 되었을까요? 약속은 지켜지지 않았습니다. 왜 그랬을까요? 그것은 처음부터 지켜질 수 있는 약속이 아니었습니다. 그 이유는 신자유주의의 본질과 그에 따른 그것의 운명과도 직접 관련된 것이었습니다. 그것은 처음부터 존재하지도 않는 허상 위에 세워진 신기루였기 때문입니다. 영화 〈월스트리트의 늑대〉에서 마크가 조던에게 설명해 주었던 바로 그것입니다. 그 신기루는 어떤 것이었을까요?

신자유주의의 신기루: 낙수효과 vs 흡입효과

낙수효과의 구조는 크게 세 개의 계단으로 이루어져 있습니다. 제일 아래에 노동자들이 있고 그 위에 이들을 고용해서 이들의 노동시간을 빼앗는 산업자본가가 있고 마지막 제일 위에 산업자본가에게 돈을 빌려주는 금융자본가들이 자리를 잡고 있습니다. 이들 세 사람의 관계는 다음과 같습니다. 금융자본가가 산업자본에게 돈을 빌려주면 산업자본가는 이 돈을 가지고 노동자들의 노동력을 구매합니다. 노동자들은 생산과정에서 자신들의 노동력을 사용하여 만든 노동시간 가운데 일부를 임금으로 받고 나머지는 산업자본가의 수익으로 제공합니다. 산업자본가는 이 수익 가운데 일부를 이자로 얹어서 금융자본가에게 빌린 돈과 함께 돌려줍니다. 나머지 산업자본가의 진짜 수익을 이윤이라고 부릅니다. 신자유주의 경제학자들은 이 흐름의 출발점이 금융자본가들이고 따라서 이들의 수익이 충분히 증가하면 그 수익이 넘쳐 아래로 흘러서 산업자본가와 노동자들도 모두 이익을 볼 수 있다고 주장했던 것입니다.

얼핏 보면 이들의 주장은 상당히 일리가 있어 보입니다. 전체 흐름이 금융자본가에 의해 시작되는 것이 맞으니까요. 그런데 문제는 금융자본가의 수익이 자신의 힘에 의해 만들어지는 것이 아니라는 점에 숨어 있습니다. 그것은 산업자본가가 벌어들인 수익에 의존해 있고 산업자본가의 수익은 다시 노동자가 만들어 주는 노동시간에 의존해 있습니다. 이들 수익의 모든 원천은 노동자의 노동시간에서 비롯됩니다. 이들 세 사람의 연계고리는 기생과 숙주의 관계인 것입니다. 이런 관계에서는 당연히 가장 중요한 숙주소득이 튼튼하고 오래 지속될 수 있어야 기생소득도 오랫동안 살아남을 수 있습니다. 그런데 금융자본가는 숙주인 노동자들과 직접 접촉하지 않습니다. 따라서 이들은 노동자들의 상태에 아무런 관심이 없습니다. 이들은 단지 산업자본가에게 압력을 가하기만 하면 자신들의 수익을 얻을 수 있습니다. 그리고 산업자본가들은 이들에게 빼앗기는 수익을 노동자들로부터 다시 빼앗습니다.

결국 실제 수익의 흐름은 위에서 아래로 흘러가는 것이 아닙니다. 오히려 거꾸로 아래로부터 위로 빨려 올라갑니다. '낙수효과'가 아니라 '흡입효과'인 것입니다. 그럴 수밖에 없는 이유는 수익이 위에서 만들어지는 것이 아니라 아래에서 만들어지기 때문입니다. 케인스주의는 아래로부터 위로 수익이 과도하게 흡입되지 못하도록 세 가지 장치를 만들어 놓았지만 이들 장치가 제거되자 흡입에는 아무런 제한이 없어졌습니다. 과도한 수익들이 위로 쏠렸습니다. 세 개의 계단에 자리 잡은 사람들의 수는 위로 갈수록 적습니다. 노동자가 가장 많고 산업자본가가 그다음으로 많고 금융자본가는 한 줌의 소수에 불과합니다. 이들의 관계가 기생과 숙주의 관계이기 때문에 항상 숙주가 기생보다 많아야 안정적인 구조를 이루는 자연의 섭리이지요. 신자유주의는 이런 자연의 섭리를 깨어 버렸습니다. 이른바 불평등이 바로 그것입니다.

신자유주의가 만들어 낸 불평등은 유명합니다. 미국의 경우 신자유주의가 도입되기 전 1970년대까지만 하더라도 상위 10퍼센트의 소득은 전체 국민 소득 가운데 30퍼센트를 차지했지만, 1990년대 말에는 그것이 45퍼센트로 급상승하였습니다. 이런 불평등의 심화는 낙수효과가 거짓말이라는 것을 잘 보여 주고 있습니다. 애초에 수익이 위에서 내려오는 것이 아니라 아래에서 위로 빨려 올라가는 것이었으니까요. 낙수효과는 사실상 존재하지도 않는 것을 마치 존재하는 양 꾸며 낸 신기루와 같은 것이었습니다. 이런 신기루에 의존하는 신자유주의는 얼마나 지속될 수 있을까요? 사람들이 신기루에 현혹되어 있는 동안만 가능할 것입니다. 조금만 시간이 지나면 신기루는 들통이 날 것이고 그것은 더 지속될 수 없을 것입니다. 따라서 신자유주의는 처음부터 잠깐의 '한탕'을 노린 것에 불과합니다.

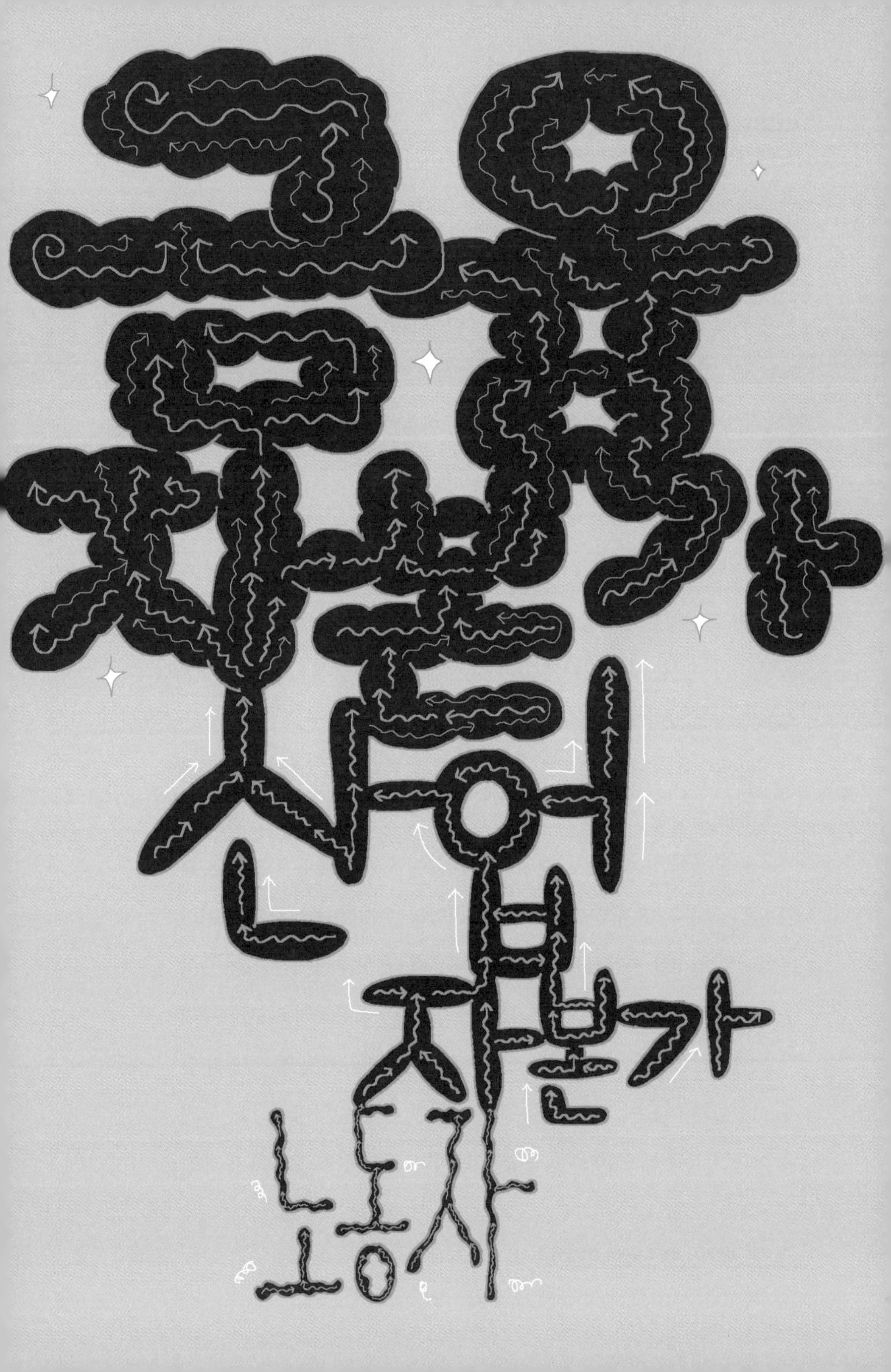

먹튀와 민영화, 그리고 파국

그것은 신자유주의를 주도하는 금융의 속성이기도 합니다. 우리에게는 '먹튀'라고 알려진 속성이지요. 2003년 멀쩡한 외환은행을 마치 병든 것처럼 속여 2조 원의 헐값에 사들였다가 10년 뒤 6조 원에 매각한 론스타 사태는 바로 그 대표적인 사례로 알려져 있습니다. 그런데 신자유주의적 속성을 가진 금융의 먹튀는 사실 이런 기업사냥이 본업이 아닙니다. 그것은 부업에 불과합니다. 진짜 본업은 대개 '민영화(privatization)'라고 부르는 것입니다. 이 애매한 용어인 '민영화'의 정확한 뜻은 '사유화'입니다. 사적 소유로 전환한다는 말인데 사적 소유는 공동소유의 반대말입니다. 따라서 사유화란 곧 공동의 재산을 한 개인이 가진다는 뜻입니다. 그런데 자본주의에 그렇게 사유화한 공동소유가 어떤 것이 있을까요?

자본주의는 원래 봉건제의 공동소유를 타파하고 사적 소유를 앞세우면서 성립한 경제체제입니다. 하지만 그것은 절대주의가 만든 국가라는 공동체를 기반으로 성립했기 때문에 국가적 소유를 전제로 하고 있었습니다. 단지 국가가 경제에 개입하는 것에 반대하고 개인의 돈벌이를 최대한 자유롭게 허용했기 때문에 국가의 경제적 기능은 최소로 제한되었습니다. 이런 국가를 '야경국가', '경찰국가'라고 부릅니다. 낮 동안 개인들이 수행하는 돈벌이에 일체 개입하지 않고 단지 밤에 이들이 벌어들인 돈을 지켜 주는 기능만 한다는 의미입니다. 그런데 이런 자본주의가 1929년 공황을 거치며 위기에 처하게 되자 케인스는 이 국가가 돈을 찍어 소비를 늘려 자본주의를 구출해야 한다고 주장했지요. 그런데 국가는 어떤 방법으로 돈을 풀어 소비를 늘릴 수 있을까요?

케인스는 국가가 개인들이 운영하는 것과 같은 기업을 세워서 경제활동을 해야 한다고 주장했습니다. 국가가 운영하는 기업이 바로 그것입니다. 대개 우리가 국영기업, 혹은 공기업이라고 부르는 것입니다. 단지 이런 공기업이 개인들의 사기업과 직접 경쟁하면 사기업의 경제활동은 대폭 위축될 것입니다. 그래서 공기업은 주로 사회 전체가 공동으로 필요로 하는 분야에만 관여하였습니다. 봉건제에서 장원의 구성원들이 공동으로 이용하던 물, 숲, 황무지, 교량 등과 같은 분야입니다. 우리가 사회기반시설, 혹은 '인프라'라고 부르는 것으로 공항, 항만, 철도, 도로, 전력, 댐 등과 같은 것입니다.• 그래서 국가는 돈을 찍어 이들 분야에 기업을 세우고 여기에 노동자들을 대거 고용했습니다. 공기업의 증가는 곧 공동소유의 증가를 의미합니다. 케인스주의는 사적 소유의 과도한 확대가 가져온 자본주의의 위기를 공동소유의 확대를 통해 구출한 것입니다.

신자유주의가 사유화의 목표로 삼았던 것은 바로 이 공기업들입니다. 공기업이 진출해 있던 분야는 사기업들과의 경쟁을 피하여 독점이 되어 있는 분야입니다. 따라서 이들 기업의 수익은 독점적으로 이

• 케인스주의를 대표하는 정책인 '뉴딜'의 가장 상징적인 사업이 바로 테네시 강 유역 개발사업이었다. 강의 수로를 정비하고 댐을 건설하는 사업이었다. 이명박 정부에서 우리나라의 하천을 대대적으로 정비한다고 벌였던 '4대강 사업'은 바로 이 뉴딜을 본뜬 것이었다.

루어졌고 국가는 사회 전체의 공동이익을 위해 수익을 매우 낮게 책정하였습니다. 심지어 계속 적자를 감수하는 곳도 상당히 많았습니다. 당연한 일이지요. 그것들은 처음부터 돈벌이를 위해 만든 기업이 아니니까요. 하지만 신자유주의는 이들 공기업의 수익이 매우 낮고 따라서 그것이 비효율적으로 이루어지고 있다고 공격했습니다. 그리고 이런 비효율의 비용을 국민의 세금으로 메운다고 일반 국민들을 선동하였습니다. 공기업을 사유화하려는 계획은 '국가의 퇴각!'이라는 구호에서 매우 중요한 부분을 차지합니다. 마침 정부는 찍어 낸 돈을 세금으로 거두지 못해 적자에 허덕이고 있었기 때문에 금융자본가들은 이들 공기업을 개인에게 팔아 정부의 적자를 메꿔야 한다고 주장했습니다.

그리하여 많은 공기업들이 사유화되었습니다. 철도, 광산, 전력, 항공, 항만 등 사회 전체가 이용하는 많은 시설들이 개인의 수중에 들어갔습니다. 그런데 이들 공기업 분야는 모두 독점분야입니다. 이들 분야를 인수한 사기업의 돈벌이는 그야말로 '땅 짚고 헤엄치기'였습니다. 그것으로도 모자라 이들은 사유화 과정에서 아예 일정 수준 이상의 고수익을 보장해 줄 것을 요구했습니다. 민자사업의 수익보장제라고 불리는 것입니다.[•] 우리나라에서는 서울 지하철 9호선, KTX 수서선, 거가대교, 한국전력 등등이 그런 식으로 사유화된 사례들입니다. 그런데 역사는 이런 사유화가 어떤 의미를 갖는지 말해 줍니다. 고대 노예제 사회였던 그리스와 로마는 사적 소유의 확대와 함께 발전하였

• 그렇기 때문에 당연히 이들 공기업들이 제공하던 인프라의 이용 요금은 대폭 인상되기 마련이다. 효율은 바로 이런 요금인상에 의해 달성되는 것이다.

지만 그것이 지나쳐 공동소유를 압도하면서 모두 멸망하였습니다.

그 이유는 간단합니다. 사적 소유는 공동체의 존립 위에서만 가능한 것이고 따라서 사적 소유가 공동체 소유를 잠식하면 기생생물이 숙주생물을 압도하는 것과 마찬가지 결과를 가져옵니다. 숙주와 기생 둘 모두가 함께 끝장나는 것이지요. 신자유주의도 마찬가지 결과를 초래했습니다. 수익의 원천을 지나치게 흡입하면서 다수 노동자 대중의 수입은 극도로 하락하고 이것은 소비의 감소를 가져왔습니다. 반면 금융 부문의 과도한 비대는 산업자본에게 과도한 생산을 재촉하였고 이것은 자본주의의 본질적인 모순, 생산과 소비의 불일치를 확대시켰습니다. 2005년 미국에서 부동산 채권의 부실화가 징후로 나타났고 대파국은 결국 2008년 11월 세계최대 보험사 AIG와 세계 최대의 자동차회사 제너럴모터스의 비상구출신호(S.O.S)로 터져 나왔습니다. 케인스주의의 위기를 해결하겠다고 장담한 신자유주의도 막을 내렸습니다.

그로부터 10년이 넘도록 아직 출구는 보이지 않고 있습니다. 자본주의의 운명은 앞으로 어떻게 될까요? 그리고 그 자본주의의 최신 버전인 신자유주의가 만들어 놓은 헬조선의 미래는 어떤 것일까요?

3장

자본주의의 위기와 미래

북유럽 사회의 역사적 경험이 알려 주고 있는 이들 요인은 헬조선의 해법을 어디에서부터 찾기 시작할 것인지를 우리에게 암시해 줍니다. 그렇다면 이제 남은 문제는 그것을 실천에 옮길 우리의 의지가 아닐까요? 마르크스가 찾았던 해법, 노동해방은 어느 날 갑자기 먼동이 트듯 저절로 찾아오는 것도 아니고 어떤 메시아가 가져다주는 것도 아닙니다. 그것은 스파르타쿠스처럼 해방되어야 할 사람 자신이 만들어 내는 것입니다. 그래서 마르크스는 바로 그 의지를 부추기는 말을 이렇게 남기고 있습니다. "여기가 바로 로도스 섬이다! 마음껏 뛰어 보거라!"

1 자본주의 미래의 단서

야누스의 신탁

로마의 카피톨리노 언덕에는 로마의 두 번째 왕인 누마가 세웠다는 야누스 신전이 있습니다. 누마의 지시에 따라 로마는 전쟁을 치를 때면 이 신전의 문을 열어 두고 전쟁이 끝나면 그 문을 닫았다고 합니다. 야누스 신은 문의 신이기도 한데 얼굴이 두 개인 것으로 유명합니다. 이 신은 인간의 얼굴이 한쪽 방향만 향하고 있다는 것을 일깨워 줍니다. 사람은 세상의 절반 이상을 볼 수 없도록 신체 구조가 만들어져 있는 것이지요. 야누스는 세상의 절반 각각을 이어 주는 역할을 하고 있습니다. 야누스 신이 이어 주는 각각의 절반은 인간이 이미 보았던 과거와 아직 보지 못한 미래입니다. 그래서 야누스 신의 교훈을 따라 우리는 역사에서 과거를 통해 미래를 봅니다. 자본주의의 운명도 그러합니다. 그러면 미래를 암시하는 과거의 단서는 어디에 숨어 있을까요?

신전의 문이 전쟁이 일어날 때 열린다는 것은 위기가 닥쳤을 때 그것을 통해 미래를 볼 수 있다는 암시입니다. 그래서 자본주의의 미래는 자본주의의 위기 속에 담겨 있습니다. 헬조선의 해법도 거기에 있을 것입니다.

| 바티칸 박물관에 있는 두 얼굴의 신 야누스 흉상. |

자본주의는 역사적으로 세 번의 큰 위기를 맞았습니다. 첫 번째 위기는 자본주의의 탄생을 가져왔던 '자유방임'이 만들어 낸 것이었습니다. 자유방임은 돈벌이를 위한 자유를 무한히 확대하였고 자본주의의 돈벌이는 노동시간의 확대를 통해서 이루어지기 때문에 그것은 결국 생산의 무제한적인 확대를 가져왔습니다. 그러나 생산과 소비가 분리되고 교환이 이를 매개하는 자본주의에서는 생산된 상품이 판매되어야만 돈벌이가 완성됩니다. 생산의 확대는 소비의 확대를 필요로 했지만 지구는 무한한 소비시장을 가지고 있지 않습니다. 결국 생산의 확대는 소비의 제한에 부딪쳐 위기를 맞았습니다. 두 번의 세계대전과 대공황이라는 대가를 치러야 했습니다.

이 위기는 소비를 확대하는 케인스의 처방에 의해 해결되었습니다. 그 처방은 두 개의 바퀴로 굴러가는 것이었습니다. 테일러주의가 생산력을 비약적으로 증가시키고 그 뒤를 이어 증가된 생산력만큼 돈을 찍어 소비를 늘리는 것이었습니다. 생산력의 증가와 소비의 증가라는 두 개의 바퀴가 보조를 맞추면서 함께 굴러가는 것이지요. 그러나 생산력의 증가가 한계에 도달하면서 두 바퀴의 보조는 깨어지고 자본주의는 다시 위기를 맞았습니다. 두 번째 위기였습니다.

'자유방임'이 다시 전가의 보도처럼 등장하였습니다. 그러나 과거의 자유방임과는 달리 새롭게 등장한 자유방임은 소비를 늘리는 장치를 마련하였습니다. 빚을 늘리는 것이었지요. 하지만 빚은 언젠가 갚아야 합니다. 빚을 갚아야 하는 시기가 닥치면서 자본주의는 다시 위기를 맞았습니다. 세 번째 위기였지요. 바로 지금 우리가 '헬조선'으로 겪고 있는 위기입니다.

그런데 이들 세 번의 위기에는 공통된 점이 있습니다. 그것은 자본주의의 본질에서 비롯된 것이기도 합니다. 생산과 소비의 불일치가 바로 그것입니다. 불일치의 구조는 항상 생산이 소비에 비해 많은 것이었습니다. 그래서 위기에 대한 세 번의 처방도 모두 소비를 늘리는 것에 맞추어져 있습니다. 하지만 이들 처방은 모두 지속적인 것이 되지 못했지요. 자본주의는 왜 생산과 소비를 일치시키지 못하고 끊임없이 반복해서 위기를 만들어 내는 것일까요? 야누스의 신탁에 따르면 바로 이 위기 속에 자본주의의 미래를 엿볼 수 있는 단서가 숨어 있습니다. 생산과 소비의 불일치는 우리에게 무엇을 말해 주고 있을까요?

너무 많은 생산이 문제

'풍요 속의 빈곤.'

자본주의의 위기를 이보다 간명하게 표현하는 말도 없습니다. 대개 경제가 어렵다는 말은 먹고살기 어렵다는 것이고 그것은 얼핏 먹고 사는 데 필요한 물자가 부족하다는 의미로 이해됩니다. 실제로 자본주의 이전에 경제가 어렵다는 말은 곧 생산이 부족하다는 말과 같은 뜻이었습니다. 가난이 문제였던 것이지요. 그러나 자본주의하에서는 오히려 반대입니다. 부족한 것이 문제가 아니라 남아도는 것이 문제인 것입니다. 1990년대 장기침체에 빠진 일본에서는 1999년 3500만 명에게 1인당 2만 엔씩의 소비쿠폰을 무료로 나누어 주었고, 미국에서도

소비

2008년 공황이 발발하자 7000만 가구에 평균 950달러씩의 현금을 나누어 주었으며, 우리나라에서도 2015년 대통령이 직접 나서서 미국의 '블랙프라이데이'를 모방한 대대적인 소비운동을 벌였던 것은 모두 자본주의의 경제문제가 가난이 아니라 풍요라는 것을 말해 줍니다. 즉 자본주의의 위기를 만들어 내는 생산과 소비의 불일치는 생산의 과잉과 소비의 부족에 있습니다.

왜 이런 일이 발생하는 걸까요? 그것은 자본주의의 본질과 직접 관련되어 있습니다. 자본주의는 자급을 목표로 하는 경제체제가 아닙니다. 자급은 생산이 곧바로 소비를 목표로 하고 있습니다. 처음부터 생산과 소비의 일치가 목표인 것이지요. 하지만 자본주의는 돈을 버는 것을 목표로 합니다. 처음부터 생산과 소비의 일치를 목표로 하지 않고 있습니다. 돈벌이의 원리는 이 불일치가 무엇을 의미하는지 알려 줍니다. 자본주의의 돈벌이는 노동자의 노동시간이 두 부분으로 이루어지는 것에 기초해 있습니다. 한 부분은 노동자의 임금이고 다른 한 부분은 자본가가 가져가는 잉여가치입니다. 그런데 임금은 노동자가 먹고살기 위한 것이고 잉여가치는 자본가가 돈을 벌기 위한 것입니다. 그래서 임금은 모두 소비됩니다. 하지만 자본가는 먹고살기 위해 잉여가치를 얻는 것이 아닙니다.

그는 돈을 벌기 위해 잉여가치를 얻는 것이므로 잉여가치는 소비를 위한 것이 아닙니다. 그것은 돈벌이에 사용됩니다. 그런데 자본주의의 돈벌이는 노동력을 구매하여 노동시간을 만드는 데 있으므로 그것은 곧 생산을 늘리는 것을 의미합니다. 결국 두 개의 노동시간 가운데 하나는 소비되지만 다른 하나는 소비되지 않고 오히려 생산을 더욱 늘리는 데 쓰입니다. 생산된 총 노동시간 가운데 처음부터 잉여가치만큼의 소비는 부족합니다. 게다가 잉여가치는 다시 생산을 늘리는 데 사용되기 때문에 생산과 소비의 불일치는 누적적으로 늘어납니다. 그리고 무엇보다도 바로 이 잉여가치가 자본주의 돈벌이의 목표입니다. 다시 말해 자본주의는 처음부터 생산과 소비의 불일치를 목표로 하는 경제체제인 것입니다. 생산과 소비의 불일치는 이처럼 자본주의의 본질에 따라 처음부터 예정되어 있는 것입니다.

그 불일치의 원인은 잉여가치만큼의 노동시간이 소비되지 않고 그것이 오히려 생산을 늘리기 때문입니다. 따라서 생산과 소비의 불일치는 생산이 너무 많이 되기 때문이지 소비가 부족한 때문이 아닙니다. 이 점을 이해하는 것은 매우 중요합니다. 왜냐하면 이 불일치를 해결하는 방법과 처방이 효과가 있을지의 여부와 관련되기 때문입니다. 앞서 보았듯이 자본주의의 세 번의 위기에서 나왔던 처방은 모두 소비를 늘리는 것에 초점이 맞추어져 있었습니다. 첫 번째는 자유무역의 확대와 식민지 개척, 두 번째는 국가에 의한 소비의 창출, 세 번째는 빚을 늘려 소비를 늘리는 것이었지요. 이들 처방이 모두 지속되지 못하고 새로운 위기로 이어진 까닭은 그 처방들이 잘못된 것이었기 때문입니다. 우리가 보았듯이 정작 그 원인은 소비의 부족이 아니라 생산의 과잉에 있기 때문이지요.

불일치의 필연성

생산과 소비의 불일치는 위기의 원인이기는 하지만 그 자체가 위기가 되는 것은 아닙니다. 불일치는 스스로 조정되는 구조를 가지고 있기 때문입니다. 그 구조는 무수히 많은 상품들마다 생산과 소비에 걸리는 시간이 제각기 달라서 시차가 발생하기 때문에 만들어집니다. 예를 들어 철도를 건설하는 데에는 몇 년이 걸립니다. 그동안 생산만 이루어지고 소비는 전혀 이루어지지 않습니다. 하지만 일단 건설이 되고 나면 이제 생산은 이루어지지 않고 소비만 이루어집니다. 반면 신발이나 스마트폰은 단 몇 시간 만에 생산되고 곧바로 소비가 이루어집니다. 이런 시차 때문에 각 상품의 생산과 소비의 불일치는 서로 상쇄되기도 합니다. 하지만 그런 상쇄는 일시적이고 부분적인 것에 불과할 것입니다. 결국은 그 불일치가 누적될 것입니다.•

생산과 소비가 일치할 수 없는 이유는 또 있습니다. 자본주의에서 생산은 자본가가 혼자서 결정합니다. '고독한 결정'이라고들 부르지요. 예를 들어 현대자동차는 2015년 약 500만 대의 자동차를 전 세계에서 생산하였습니다. 이 생산대수를 누가 결정했을까요? 현대자동차의 최고경영자 정몽구 회장이 했을 것입니다. 정 회장의 결정에 대해서 누군가 '감 놔라 배 놔라' 간섭할 수 있을까요? 혹시 대통령이든 장

• 불일치가 일시적으로 상쇄되었다가 다시 확대되는 것이 반복되는 현상을 경기변동이라고 부른다. 경기가 변동한다는 말은 그 자체로서 바로 이 불일치가 존재한다는 것을 확인시켜 주는 것이다.

관이든 누군가 간섭하면 정 회장은 속으로(공개적으로 얘기하기는 어려울 수 있으니까요) 아마 이렇게 생각하지 않을까요? '만일 내가 당신이 시키는 대로 했다가 손해라도 보면 당신이 그 손해를 물어 줄 거야?' 자본주의의 돈벌이는 철저히 사적 성격을 띠고 있습니다. 이익을 보아도, 손해를 보아도 모든 자본가는 그 결과를 혼자서 책임져야 합니다. 아무도 그것을 대신해 줄 수 없습니다. 이처럼 생산은 자본가 혼자서 사적으로 결정합니다.••

그런데 자본주의에서 생산된 모든 상품은 자본가가 직접 소비하는 것이 아닙니다. 그것은 교환을 통해 판매되어 다른 사람이 소비해야 합니다. 500만 대의 자동차는 500만 명이 소비해야 하고 따라서 500만 명이 구매를 결정해야 합니다. 소비는 집단적으로, 즉 사회적으로 결정되는 것입니다. 그런데 혹시 정몽구 회장은 생산을 결정하기 전에 이들 500만 명에게 전화를 걸어 자신이 생산하는 자동차를 구매할 것인지 물어보았을까요? 그렇게 하지 않았겠지요. 그래서 이들 500만 명의 의사결정은 생산과 전혀 무관하게 이루어집니다. 그러면 정 회장이 내린 생산의 사적 결정과 500만 명이 내리는 소비의 사회적 결정이 일치할 가능성이 있을까요? 불가능한 일입니다. 자본가들의 경제학에서는 이것이 '보이지 않는 손'에 의해 저절로 이루어진다고 주장했지

•• 그런데 참으로 이상한 일도 다 있다. 자본가들은 혼자서 마음대로 생산을 결정했다가 정작 돈벌이가 잘되지 않아 사업이 어려워지면 곧바로 정부에게 도움을 요청한다. '구제금융'이라고 부르는 것이 바로 그것이다. 1997년 경제위기 때 우리나라 정부가 이들 돈벌이에 실패한 자본가들에게 제공한 구제금융은 무려 160조 원에 달하였다. 물론 정부의 이 막대한 돈은 모두 우리 국민들이 낸 세금으로 메꿔졌다.

만 자본주의의 반복되는 위기는 그것이 불일치한다는 것을 보여 주고 있습니다.

이처럼 생산의 사적 성격과 소비의 사회적 성격은 일치할 수 없습니다. 게다가 이 둘의 불일치를 더욱 심화시키는 요인이 생산과 소비의 성격 속에 존재합니다. 위의 예에서 정 회장이 생산을 결정할 때 그 기준은 무엇일까요? 최대한 돈을 많이 벌고자 하는 것입니다. 자본가들의 경제학에서는 이것을 '이윤극대화'의 원리라고 가르치고 있습니다. 자본가는 생산을 많이 해야 돈을 많이 벌 수 있기 때문에 그는 결국 회사의 생산능력과 시장의 판매가능성 등이 허용하는 범위 내에서 '최대한'의 생산목표를 잡습니다. 더구나 시장에는 서로 경쟁관계에 있는 여러 자본가가 존재하고 이들은 모두 이런 '최대한'의 생산목표를 잡습니다. 그래서 자본주의에서 생산은 항상 무한히 확대될 가능성을 가지고 있습니다. 그런데 소비는 이처럼 무한히 늘어날 수 없는 한계를 가지고 있습니다.

소비는 궁극적으로 사람이 합니다. 자본가들의 경제학에서는 자본가들이 생산을 위해 원료나 기계, 노동력 등을 구매하는 것도 소비로 잡습니다만• 조금만 깊이 생각해 보면 그것은 소비가 아니라는 것을 금방 알 수 있습니다. 그것들의 소비는 생산에 사용되고 결국 생산으로 귀착되기 때문입니다. 이런 소비를 중간소비라고 부릅니다. 최종

• 바로 그 때문에 자본가들의 경제학에서는 생산과 소비가 일치한다고 주장한다. 하지만 그것은 물론 틀린 얘기이다. 그래서 자본가들의 경제학은 위기(혹은 공황이라고도 부른다)에 대하여 아무런 해법도 가지고 있지 못한 것이다.

소비가 진짜소비이며 그것은 결국 사람이 먹고 살아가는 생명활동을 통해 이루어집니다. 그런데 인간이라는 생물의 소비에는 한계가 있습니다. 사람은 무한히 먹을 수 없으며 손오공처럼 여러 개의 몸을 만들어 낼 능력이 없기 때문에 자동차나 집을 하나씩밖에 소비할 수 없습니다. 소비는 생물학적 한계를 가지고 있는 것입니다. 결국 무한히 늘어나려는 속성을 가진 생산과 생물학적 한계를 가진 소비는 결코 일치할 수 없습니다.

자본주의가 위기를 통해 계속 드러내는 생산과 소비의 불일치는 이처럼 자본주의의 속성 곳곳에 자리하고 있습니다. 그 불일치는 피할 수 없는 구조적인 것입니다. 그렇다면 대안은, 해결책은 무엇일까요?

미래의 단서

위기 속에 미래가 보인다는 말은 그 위기의 원인이 위기의 탈출구를 가리키고 있기 때문입니다. 자본주의의 위기는 생산과 소비의 불일치에서 비롯되고 그 불일치는 자본주의의 속성에서 비롯된 것임을 우리는 위에서 보았습니다, 이제 이들 위기의 원인이 되고 있는 자본주의의 속성을 다시 한 번 정리해 보기로 합시다.

첫째는 너무 많은 생산, 즉 너무 많은 노동시간이 문제입니다. '시간이 곧 돈이다!' 자본주의에서 자본가들의 모토입니다. 너무 많은 노동시간은 바로 이 때문입니다. 실제로 인류는 동물의 우리에서 탈출하면서 생산력의 발전을 통해 노동시간을 계속 줄이고 여가시간을 늘려

왔지만 자본주의가 되면서 이 경향은 역주행하고 말았습니다. 자본주의 이전 봉건사회에서 농노들의 연간 노동시간이 1600시간 정도였던 것이 자본주의가 되면서 두 배 이상 늘어나서 3500~4000시간이 되어 버린 것이 역사적 사실입니다. 경제학자들은 흔히 경제가 어려우면 더 많이 일을 하고 더 적게 소비해야 한다고 가르칩니다. 하지만 그것은 자본가들의 경제학에서 하는 얘기일 뿐이고 더구나 틀린 얘기입니다. 우리가 역사에서 볼 수 있듯이 자본주의의 위기는 노동자들의 노동시간이 너무 길고 소비가 너무 적어서 발생하는 것입니다. 따라서 노동시간을 줄이고 노동자들의 임금을 올려 소비능력을 높이는 것이 위기를 해결할 수 있는 방법입니다.•

둘째 생산의 결정과 소비의 결정이 전혀 다르게 이루어지는 것이 문제입니다. 생산은 사적으로, 소비는 사회적으로 이루어지기 때문이지요. 위에서 든 예에서 본다면 1명의 의사결정이 500만 명의 의사결정과 일치하기 어려운 것이 문제였지요. 이 문제를 해결하기 위해서는 양측의 의사가 서로에게 전달될 필요가 있습니다. 어떻게 전달하면 좋을까요? 여기에 대하여 역사는 우리에게 분명한 교훈을 전달해 주고 있습니다. 인간은 원래 사회적 동물로부터 출발했으며 사적인 이해는 공동체의 이해를 우선으로 삼을 때에만 존립할 수 있다는 것입니다. 그리스와 로마의 교훈이 바로 그것입니다. 전사공동체에서 출발한 이

• 국민소득과 노동시간의 상관관계를 보면 이 사실을 금방 확인할 수 있다. 소득이 매우 높은 북유럽의 국가들은 대부분이 노동시간이 매우 짧은 데 반해 국민소득이 매우 낮은 나라일수록 노동시간이 더 길다.

들 사회는 공동체의 발전을 통해 사적 소유를 발전시켰고 사적 소유가 지나치게 확대되면서 공동체의 이해가 훼손돼 곧바로 멸망의 길을 걸었습니다.

이들 두 사회가 공동체로서 발전해 나갈 때 만들어진 제도가 민주주의입니다. 민주주의는 바로 개인의 의사결정을 공동체의 의사결정과 연결시켰던 제도입니다. 500만 명의 의사결정에 의존해야 하는 문제를 혼자서 결정하는 것은 민주주의가 아닙니다. 그것은 독재입니다. 생산과 소비의 불일치는 생산의 의사결정이 바로 독재적으로 이루어지기 때문에 발생하는 것입니다. 그러므로 위기를 극복하기 위한 탈출구는 생산의 결정을 사적인 성격에서 사회적 성격으로 바꾸는 데 있습니다. 이것을 경제의 민주화라고 부릅니다.•• 유럽에 광범위하게 도입되어 있는 '공동결정제도'라는 것이 바로 이런 제도입니다. 이 제도는 일정한 규모가 넘는 기업에서는 모든 의사결정을 CEO가 혼자서 내리지 못하도록 금지하고 이해당사자들이 다수 참여하는 감독이사회라고 하는 기구의 승인을 받도록 하고 있습니다. 생산의 의사결정이 민주화된 것입니다.

셋째 생산은 무한히 확대되는 경향이 있고 소비는 생물학적으로

•• 우리나라에서는 경제민주화를 대기업과 중소기업 사이의 민주화나 경영자와 주주 사이의 민주화로 얘기하는 사람들도 있다. 하지만 그것은 자본가들의 경제학에서 하는 말일 뿐이다. 이들은 모두 사적으로 생산을 결정하는 사람들일 뿐 사회적인 소비자들이 아니다. 사회적인 소비자는 노동자들이기 때문에 사실 경제민주화의 참뜻은 자본가와 노동자 사이의 민주화라고 할 수 있다. 생산과 소비의 불일치는 바로 이 때문에 발생하는 것이다. 여기에 대한 보다 자세한 내용은 노동자들의 경제학을 설명한 《마르크스의 자본, 판도라의 상자를 열다》를 참고하면 도움이 될 것이다.

한계가 있는 것이 문제입니다. 최근 환경 파괴가 지구 전체의 문제로 급격히 떠오르고 있는데 혹시 자본주의 이전에도 이런 문제가 심각했다는 얘기를 들어 보신 적이 있는지요? 없을 것입니다. 왜냐하면 생산과 소비가 일치하는 자급경제에서는 인간과 자연 사이의 신진대사가 균형을 이루었기 때문입니다. 생산된 것이 모두 소비된다는 것은 인간이라는 생물체가 그것들을 모두 자신의 신진대사 기능을 통해 소화해 낸다는 것을 의미합니다. 그렇게 소비된 것은 모두 인간의 몸속에서 분해된 다음 자연으로 되돌아가기 때문에 신진대사는 균형을 이룹니다. 하지만 자본주의는 이 신진대사의 균형을 깨뜨리는 것을 목표로 하는 경제체제입니다.

그것은 소비될 수 없는 잉여가치를 목표로 하며, 더욱이 그것을 무한히 확대하려는 속성을 지니고 있습니다. 그래서 자본주의에서는 엄청나게 많은 물건들이 채 소비되지 않은 상태에서 쓰레기로 내버려집니다. 아직 멀쩡하고, 심지어 한 번도 사용되지 않은 의복, 전자기기, 각종 생활용품, 그리고 식량까지 엄청나게 많은 것들이 낭비되고 내버려집니다. 자본주의에서 우리가 가장 흔하게 접하는 것이 '바겐세일'인데 그것은 바로 자본주의가 자연적 신진대사를 넘어 과잉으로 생산을 했다는 증거입니다. 위기는 이런 신진대사의 파괴가 극에 도달한 상태를 보여 주고 그때 우리는 바겐세일이 사회 전체에 걸쳐 넘쳐 나는 것을 보게 됩니다. 따라서 이런 환경 파괴의 해법은 자연의 신진대사를 넘어서는 잉여가치의 생산을 중단하는 것에 있습니다. 그것이 위기의 해법인 것입니다.

| 어느새 우리는 창고처럼 물건들이 가득 쌓인 대형마트에서 묶음 판매되는 상품을 사는 데 익숙해 있다. 대량으로 판매해야만 이윤이 남는 공급자들을 위해 소비하는 실정. 남은 물건들은 과연 어디로 가는가. |

그러나 자본주의의 미래에 대한 이런 단서는 금방 발견된 것이 아닙니다. 그것은 오랜 기간 많은 사람들의 시도와 노력을 거치면서 이루어진 숱한 시행착오를 바탕으로 만들어졌습니다. 그 단서가 발견되고 그것을 발판으로 참된 미래의 해법이 만들어지는 과정을 살펴보도록 할까요? 우리가 헬조선에서 탈출할 수 있는 바로 그 해법 말입니다.

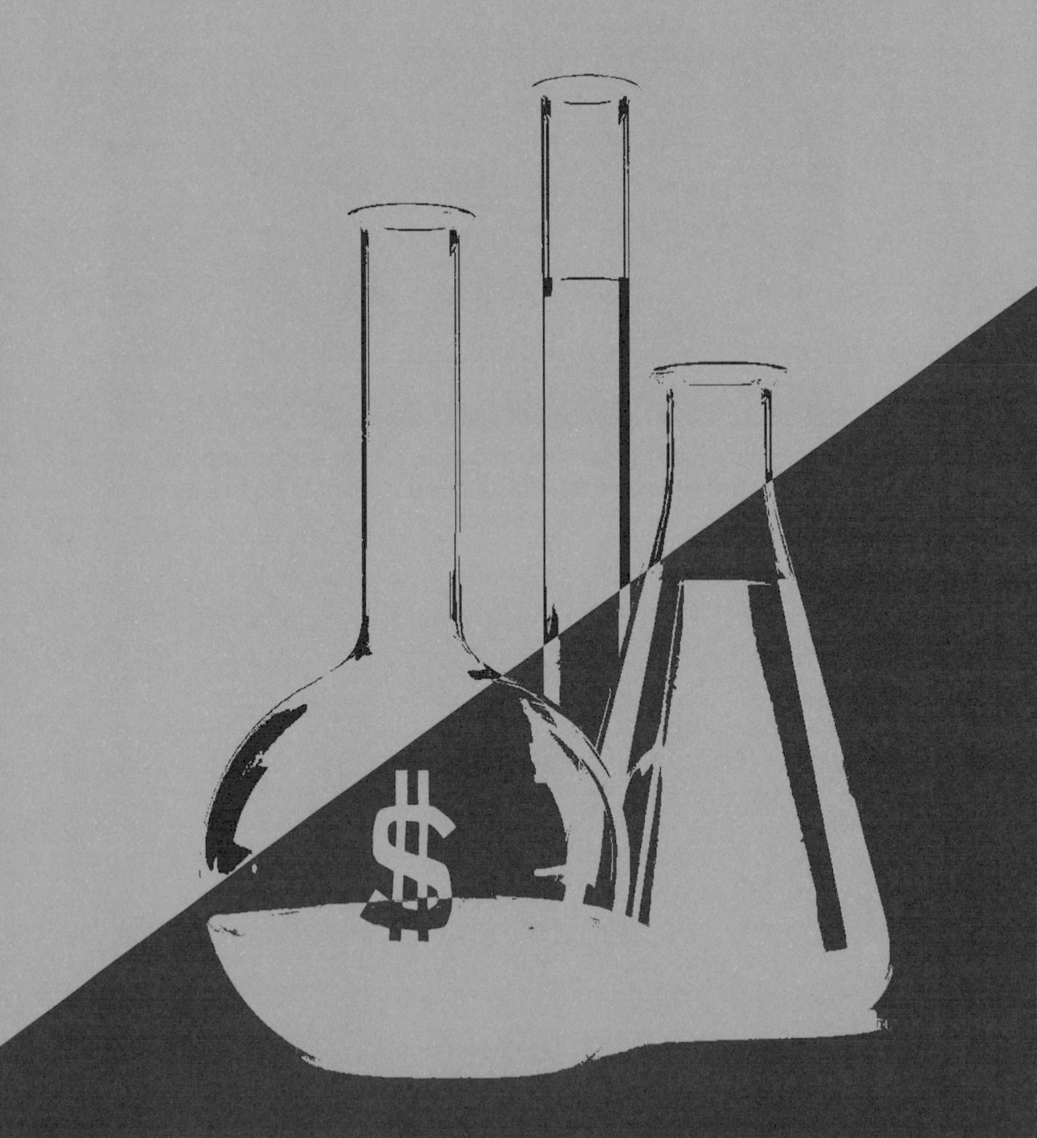

2 미래를 위한 실험

초기의 시도: 혁명적 이상 마을 건설

19세기에 샤를 푸리에라는 프랑스 사람이 농촌과 도시가 하나로 통합된 이상적인 마을을 설계하여 사람들에게 알렸습니다. 유토피아의 기원을 이루는 모델이었지요. 이 마을에서 사람들은 각자 원하는 대로 하나의 직업을 선택하여 자신의 노동에 따른 보수를 지급받되, 사람들이 기피하는 직업일수록 높은 보수가 지불됩니다. 상업이나 서비스처럼 직접적인 노동활동을 포함하지 않는 직업은 존재하지 않습니다. 마을은 완전한 자급자족을 원칙으로 운영되고 이런 자급을 위해 모든 구성원들이 생산에 종사하고 이들의 생산은 철저히 상호 협력적인 방식으로 조직되어 있습니다. 마을 사람들은 모두 하나로 연결된 4층의 아파트에 거주하는데 건물의 제일 위층은 보수를 가장 많이 받는 사람이, 가장 아래층은 보수를 가장 적게 받는 사람이 거주합니다.

아파트는 좌우 대칭형으로 중심 건물과 양쪽의 날개 건물로 이루어져 있습니다. 공간은 사적 공간과 사회적 공간으로 나누어지고 사적 공간은 각자 개인적으로 소유한 개별 아파트입니다. 사회적 공간은 크게 세 부분으로 이루어져 있습니다. 건물의 중심부는 조용한 활동을

위한 공간으로 식당, 회의실, 도서관, 공부방 등이 배치되어 있습니다. 한쪽 날개 건물은 목공, 철공 등과 같이 소음을 많이 내는 활동들이 이루어지는 공간으로 배치되어 있습니다. 아이들의 놀이방도 여기에 함께 배치되어 있는데 그것은 아이들의 놀이도 역시 소음을 많이 내기 때문입니다. 다른 하나의 날개 건물은 커다란 무도장과 만남의 장소로 배치되어 있는데 이 공간은 마을 외부 사람들도 일정한 비용을 지불하면 이용할 수 있도록 개방되어 있습니다. 이 마을의 이름은 팔랑스테르(Phalanstère)였습니다. 오늘날 우리가 흔히 이상촌이라고 부르는 것입니다.

그것은 자본주의의 미래에 대한 해답을 찾기 위한 최초의 시도가 만들어 낸 결과물이었습니다. 이런 시도는 도대체 어디에서 시작되었을까요? 출발점은 자본주의가 만들어 낸 '노동빈곤'이 제공하였습니다. 경제학이 돈벌이의 원천을 인간의 노동에서 찾아내었고 따라서 모든 부의 원천이 노동자들로부터 나오는 것이 분명한데도 정작 노동하는 사람들은 가난한 이상한 일 때문이었습니다. 우리가 당면하고 있는 헬조선에 대한 의문과 별반 다르지 않았지요.

출발점은 자본주의의 위기가 처음 발발한 1815년에 이루어졌습니다. 스위스 제네바의 부유한 목사 집안 출신이었던 시스몽디가 잠시 프랑스혁명의 혼란을 피해 가족들과 함께 영국으로 피신해 있는 동안 노동자들의 비참한 빈곤을 목격한 것입니다. 그는 자신이 목도한 자본주의의 위기와 노동자들의 빈곤 사이에 어떤 관련이 있을 것이라고 생각했습니다.

| 푸리에가 설계한 이상적 마을인 팔랑스테르. |

당시까지만 해도 자본가들의 경제학에서는 생산과 소비의 일치가 저절로 이루어지며 빈곤이란 자본주의와는 상관없는 자연스러운 현상이라고 주장했습니다. 사실 빈곤은 자본주의 이전에도 존재하는 현상이었고 그것은 인간이 어떻게 해 볼 수 없는 하느님의 섭리와도 같은 것으로 여겨졌습니다. 자본주의 이전에는 경제가 주로 농업에 의존해 있었고 농업은 자연의 기후조건에 따라 크게 좌우되기 때문에 인간의 의지로 어떻게 할 수 있는 것이 아니라고 생각했던 것이지요. 그래서 이런 말이 생겼습니다. "가난은 나라님도 어쩔 수 없다!" 하지만 시스몽디는 이런 생각에 의문을 품었습니다. 자본주의는 농업이 아니라 상업과 공업에 주로 의존하고 있었고 그것은 자연조건의 영향을 별로 받지 않기 때문입니다. 그는 자본주의의 빈곤이 자연의 섭리가 아니라 인간이 만들어 낸 것이며 따라서 인간의 힘으로 해결할 수 있다고 생각했습니다.

자본주의에서 부는 노동자의 노동시간이고 이것을 노동자와 자본가 두 사람이 나누어 갖습니다. 시스몽디는 부를 나누는 이 구조가 빈곤을 만들어 낸다고 생각했습니다. 한 사람이 너무 많이 가져가기 때문에 다른 한 사람이 가난하게 된다는 것이지요. 그리고 노동자의 이런 가난은 사회 전체의 소비 부족을 초래하고 그것이 자본주의의 위기를 만들어 낸다고 그는 생각했습니다. 노동자들의 빈곤이 바로 자본주의 위기의 원인을 이룬다는 것이지요.

그래서 그는 부를 나누는 구조, 즉 자본주의를 새로운 경제구조로 바꾸면 노동자들의 빈곤과 자본주의의 위기를 모두 해결할 수 있다고 주장했습니다. 노동자들의 '이상한 빈곤'에 의문을 품고 있던 많은 양심적인 지식인들이 그의 견해에 동조하였습니다. 위의 팔랑스테르를 구상한 샤를 푸리에를 비롯하여 생시몽과 로버트 오언 등이 대표적인 인물입니다. 이들이 새롭게 바꾸자고 하던 경제체제를 통틀어 사회주의라고 부릅니다. 그러면 이들이 제시한 해법은 어떤 것이었을까요?

해법은 크게 두 가지였습니다. 하나는 노동자들을 모두 자본가로 만드는 방법이었습니다. 노동자들이 자신의 노동시간을 자본가에게 빼앗기는 까닭은 생산수단을 가지고 있지 않기 때문입니다. 따라서 자본가들에게서 생산수단을 거두어들여 노동자들에게 고루 나누어 주자는 것이었습니다. 그런데 이 방법에는 중요한 결함이 하나 있었습니다. 모든 노동자가 생산수단을 갖는다는 것은 자본주의 이전의 개별 생산력으로 되돌아간다는 것을 의미합니다. 하지만 자본주의는 바로 이들 개별 생산력을 사회적으로 조직함으로써 보다 높은 생산력을 만들어 냈고 그 때문에 봉건사회를 밀어내었습니다. 개별 생산력은 사회적 생산력에게 밀려나는 운명을 가지고 있는 것이지요. 따라서 이 해법은 다시 자본주의로 되돌아갈 수밖에 없는 방법입니다. '도로아미타불'이 되는 방법인 것이지요.

또 한 가지 방법은 생산과 소비를 통합하는 방법입니다. 노동자들이 자신의 노동시간을 빼앗기는 까닭은 생산과 소비가 교환에 의해 분리되어 있는 구조와도 깊은 관련이 있습니다. 그래서 교환을 없애 버림으로써 노동자들의 생산과 소비를 곧바로 연결하자는 것입니다. 그래서 이 방법은 외부와의 교류를 하지 않는 자급적인 공동체를 건설하여 공동체 성원들끼리 공동으로 생산하고 소비하자는 것이었습니다.

푸리에가 구상한 팔랑스테르 같은 이상촌이 바로 그것입니다.

하지만 자급적 공동체도 역시 자본주의 이전으로 돌아가는 것을 의미합니다. 봉건사회의 장원이 바로 그것이니까요. 단지 다른 점이 있다면 영주가 없을 뿐이지요. 그것은 생산력이 발전하여 잉여가 발생하면 더 존립하기 어렵습니다. 잉여는 교환을 필요로 하기 때문입니다. 따라서 이 방법도 결국 자본주의로 도로 돌아갈 수밖에 없는 운명을 지녔습니다. 역시 도로아미타불이 되는 방법인 것이지요.

이들 두 가지 해법은 모두 실제로 실험이 이루어졌습니다. 첫 번째 방법은 1848년 프랑스에서 노동자들이 혁명을 일으켜 세운 혁명정부를 통해 도입해 보았고, 두 번째 방법은 영국의 로버트 오언이 미국으로 건너가서 '뉴 하모니'라는 이상촌을 건설하는 것으로 시도했습니다. 하지만 두 실험은 모두 실패로 끝났습니다. 두 가지 방법은 모두 자본주의가 만들어 낸 사회적 생산력을 뛰어넘을 수 없었던 것입니다. 자본주의보다 더 높은 생산력을 이룩하지 못하면 보다 높은 생산력을 향해 발전해 나가는 역사의 경향 때문에 결국 자본주의로 되돌아가고 말기 때문입니다. 자본주의보다 더 높은 생산력을 이룰 수 있는 경제체제가 필요했습니다. 그것이야말로 진정한 해법이었던 것이지요.

독일의 시도: 마르크스의 노동자 경제학

초기의 시도가 모두 실패로 돌아간 다음 19세기 후반에 진정한 해법이 비로소 제시되었습니다. 마르크스가 발전시킨 노동자들의 경제학이었습니다(해법의 구체적인 내용은 조금 뒤에 따로 설명을 드리겠습니다). 많은 노동자들이 이 해법에 열광하였고 그것을 실천에 옮기려 하였습니다. 마르크스의 조국인 독일의 노동자들이 가장 앞장을 섰습니다. 1863년 독일에서 최초의 노동자 정당이 조직되었고 이 정당은 마르크스의 해법을 노동자들에게 알리면서 세력을 키워 나갔습니다. 마르크스의 해법은 상당히 설득력을 발휘하여 이 정당은 급속히 세력이 커졌습니다. 그러자 이를 위험하게 생각한 독일 자본가들은 당시의 재상 비스마르크와 결탁하여 1878년 이 정당을 불법으로 만들어 버렸습니다. 하지만 간판만 내린 채 이 정당의 세력은 계속 커져 갔고 1890년에는 결국 합법화되면서 선거에 참여하였습니다.

선거 결과는 매우 고무적이었습니다. 마르크스의 해법에 노동자들이 열렬한 지지를 보냈던 것입니다. 노동자들이 많이 사는 도시지역에서 이 정당은 압도적으로 많은 의석을 획득했습니다. 하지만 독일은 아직 농촌 선거구가 더 많아서 집권은 할 수 없었습니다. 독일은 공업화가 충분히 이루어지지 않았고 따라서 자본주의도 이제 막 본격적인 발전을 시작하던 참이었지요. 마르크스의 해법은 도시지역의 노동자들에게는 공감을 얻을 수 있었지만 농촌지역의 농민들에게는 낯선 얘기였던 것입니다. 해법의 실천은 장애물에 부딪쳤습니다. 사실 마르크스의 해법은 당시 자본주의가 가장 발전해 있던 영국의 상황을 보고 찾아낸 것이었습니다. 독일은 산업혁명이 영국에 비해 거의 100년 가까이 뒤처진 나라였고 따라서 그의 해법이 곧바로 실천되기는 어려운 조건이었습니다.

| 독일 노동자 정당 조직의 기초가 되었던 이론은 마르크스로부터 나왔다. |

그것은 마치 곡식을 얻기 위해서는 봄에 파종을 한 다음 가을이 올 때까지 기다려야만 하는 것과 마찬가지였습니다. 그런데 이처럼 기다리는 동안 무엇을 할 것인가가 문제가 되었습니다. 곡식의 경우에도 가만히 손을 놓고 기다리기만 해서는 안 됩니다. 가뭄과 홍수에 대비해야 하고 평상시에도 끊임없이 김을 매는 등 갖가지 손질을 하면서 기다려야만 가을에 비로소 충실하게 여문 곡식을 거둘 수 있습니다. 그런데 이처럼 기다리는 동안 과연 무엇을 할 것인가를 놓고 독일 노동자들의 의견이 둘로 갈라졌습니다. 농민들이 마르크스의 해법을 이해할 수 있는 노동자로 될 때까지 그냥 기다리자는 의견과 우선 농민들

이 원하는 것을 받아들여 농민들을 노동자 정당의 편으로 끌어들이자는 의견이 바로 그것이었습니다. 이것은 참으로 어려운 문제였습니다.

전자의 의견에 따르면 노동자 정당은 당분간 정권을 잡을 수 없습니다. 산업화가 충분히 이루어져서 농민들보다 노동자가 다수가 되어야만 집권 가능성이 있을 텐데 그 시기가 언제가 될지는 기약이 없는 것이지요. 반면 후자의 의견에 따르면 이제 마르크스의 해법은 당분간 미루어 둔 채 농민들의 이해를 대변하는 정당이 되어야만 합니다. 물론 그럴 경우 집권의 가능성은 높아지지만 자칫 노동자 정당이 본분을 잊고 농민 정당이 되어 버려 마르크스의 해법을 아예 잊어버릴 가능성이 존재합니다. 게다가 농민이 그대로 농민으로 남으면 노동자가 다수가 되는 상태는 계속 미루어질 것입니다. 결국 원칙이냐 현실적 타협이냐의 갈림길에 선 셈이지요.

불행히도 두 의견은 거리를 좁히지 못하였고 1917년 독일 노동자 정당은 결국 둘로 분열되고 말았습니다. 전자의 의견이 소수파, 후자의 의견이 다수파를 이루었습니다. 그러는 사이 독일 자본주의는 계속 발전하여 드디어 생산과 소비의 불일치라는 위기를 맞았고 그것을 해결하기 위한 방안으로 1차 세계대전을 일으켰습니다.

전쟁은 패전으로 이어졌고 그것이 빌미가 되어 1918년 혁명이 발발하였습니다. 황제가 물러나고 새로운 공화국이 만들어졌습니다. 선거가 실시되고 독일 노동자의 다수파 정당은 선거에서 1위를 하여 드디어 집권에 성공하였습니다. 마르크스의 해법은 이제 본격적인 실천에 옮겨질 수 있는 시험대에 올랐습니다. 그런데 소수파와 분열하는

과정에서 다수파는 타협적 입장을 취하면서 마르크스의 해법을 보류해 버렸습니다. 그래서 이들은 소수파를 피해서 자본가 정당과 연합하여 정부를 구성하였습니다. 따라서 마르크스의 해법이 아니라 오히려 자본가 정당의 정책이 실행되었고 그 결과 1차 세계대전의 원인이 되었던 생산과 소비의 불일치는 더욱 심해졌습니다. 경제는 심각한 위기에 빠져들었고 노동자들과 국민들의 불만이 커졌습니다. 이 틈을 타 히틀러라는 극단주의자가 선거에서 승리하여 정권을 잡았습니다. 그는 전쟁을 통해 위기를 해결하기로 작정하고 전쟁에 반대하는 모든 세력을 제거하기 시작했습니다.

자본주의에 부정적인 입장을 가진 노동자 정당은 당연히 그의 최대의 적으로 간주되어 다수파와 소수파를 가리지 않고 모두 극심한 탄압을 받았습니다. 약 6000명의 지도자들이 히틀러가 작성한 살생부에 올라서 절반가량이 붙잡혀서 처형을 당했고 겨우 살아남은 사람들은 모두 국외로 도망을 가야만 했습니다. 독일 노동자 정당은 완전히 궤멸되고 말았습니다. 마르크스의 해법을 실천하려던 실험도 함께 끝나고 말았습니다. 해법의 실천을 가로막는 장애물을 극복하지 못하고 조직이 분열함으로써 빚어진 비극적인 결말이었습니다.

소련의 실험: 또 다른 독재와 폭력의 재생

독일에서 혁명이 일어나기 직전 독일을 상대로 1차 세계대전을 치르고 있던 러시아에서도 혁명이 일어났습니다. 혁명의 결과 마르크스의 해

| 독일 노동자 정당을 궤멸하고 정권을 휘어잡은 히틀러. |

법을 신봉하던 볼셰비키들이 정권을 잡았고 이들은 그 해법을 실천에 옮겼습니다. 또 하나의 실험이 이루어진 것이지요. 그런데 여기에서도 독일과 비슷한 문제가 장애물로 나타났습니다. 당시 러시아는 유럽에서 가장 낙후된 지역으로 자본주의는 이제 막 걸음마를 시작하고 있었을 뿐이고 광활한 농촌지역 대부분은 아직 봉건적 상태에 머물러 있었습니다. 생산과 소비의 불일치라는 자본주의의 모순은 아직 제대로 나타날 기미가 없었고 오히려 봉건사회의 낮은 생산력이 경제문제의 주된 부분을 이루고 있었습니다. 마르크스의 해법이 적용되기에는 거리가 있었던 것입니다. 이런 거리는 선거 결과를 통해서 나타났습니다.

혁명은 처음 1917년 2월에 일어나서 여기에서도 황제가 물러나고 공화정을 위한 선거가 실시되었습니다. 하지만 전쟁이 진행 중인

어수선한 상황에서 선거는 제대로 실시되지 못하였습니다. 결국 10월에 다시 정변이 발생하여 볼셰비키가 정권을 잡았습니다. 볼셰비키의 주도로 선거가 실시되었습니다. 그런데 선거 결과는 볼셰비키에게 실망스러운 것이었습니다. 독일과 비슷하게 도시지역의 노동자들은 볼셰비키를 지지했지만 농촌지역의 농민들은 볼셰비키를 거의 지지하지 않았던 것입니다. 당연한 일이었습니다. 자본주의를 아직 경험하지도 못한 사람이 자본주의의 위기와 노동빈곤은 물론 그 해법을 어떻게 이해할 수 있겠습니까? 볼셰비키는 전체 국회의원 가운데 25퍼센트만의 자리를 얻었고 이들의 반대파가 57퍼센트를 얻었습니다. 볼셰비키는 선택의 기로에 섰습니다.

선거 결과에 따르면 국회에서 다수파를 차지한 반대파들에게 정권을 내어주고 볼셰비키는 야당으로 물러나야만 했습니다. 하지만 볼셰비키는 반대파가 당시 러시아의 혼란을 수습할 능력이 없으며 자신들이 가지고 있는 마르크스의 해법만이 유일한 수습책이라고 생각했습니다. 그들은 선거 결과를 무시하기로 작정했습니다. 1918년 1월 5일 선거 결과에 따라 국회가 열렸지만 볼셰비키는 하루 만에 국회를 강제로 해산시켰습니다. 그리고 자신들이 조직한 소비에트라는 조직으로 국회를 대신하고 자신들이 계속 권력을 행사하기로 결정했습니다. 나라 이름도 이제는 러시아 대신 소비에트연방공화국(줄여서 '소련'이라고 부릅니다)으로 바꾸었습니다. 이들은 마르크스의 해법을 실천에 옮겼습니다. 생산과 소비의 불일치를 해소하기 위한 방법들이 도입되었습니다. 노동시간을 줄이고 생산의 의사결정을 사회화하기 위해 생산수단

| 레닌이 이끈 볼셰비키의 붉은 군대가 모스크바의 붉은 광장을 행진하고 있다. |

을 모두 국유화하고 의사결정에 노동자들이 참여하도록 하였습니다.

이들 조치는 공업부문과 농업부문 모두에 똑같이 실시되었습니다. 공장은 국유화되어 자본가들이 쫓겨나고 노동자들이 직접 공장을 운영하게 되었고, 아직 봉건적 상태에 머물러 있던 농업부문은 영주들의 토지를 빼앗아 농민들이 집단으로 농장을 이루어 공동으로 관리하게 되었습니다.

그랬더니 문제가 발생했습니다. 무엇보다 생산력이 크게 떨어졌습니다. 공업부문에서는 노동시간이 줄어든 데다 사회적 생산력을 조직하는 훈련을 받아 본 적이 없는 노동자들이 갑자기 경영을 떠맡게 되면서 생산이 원래의 20퍼센트 수준으로 급격히 감소하였습니다. 농업부문의 농민들도 봉건적 상태를 벗어나면 자신들의 토지를 가질 수 있을 것으로 생각하다가 막상 영주가 없어졌는데도 토지가 자신들의 소유가 되지 못하고 공동의 소유로 되자 실망에 빠져 농사에 적극성을 보이지 않았습니다. 농업부문의 생산도 원래의 60퍼센트 수준으로 대폭 줄어들었습니다. 사회 전체의 생산력이 크게 하락한 것입니다. 가뜩이나 전쟁의 여파로 부족한 상태였던 물자는 더욱 부족하게 되었습니다. 먹고살기 어려워지면서 사람들의 불만이 늘어났습니다.

생산력 외에 또 하나의 문제가 있었습니다. 선거에서 나타났듯이 볼셰비키는 전체 국민 가운데 25퍼센트의 지지밖에 얻지 못했습니다. 반면 반대파는 57퍼센트의 지지를 얻었습니다. 당연히 다수 국민들의 반대와 저항이 잇따랐습니다. 이들 반대는 이제 경제적인 어려움으로 더욱 확대되었습니다. 소수인 볼셰비키가 다수인 국민을 통치해야 하는 상황이 된 것입니다. 다수의 뜻을 거스르면서 이루어지는 통치, 그것은 바로 독재입니다. 볼셰비키는 민주주의를 포기했습니다. 집회, 언론 등의 자유가 억압되었고 이런 억압을 위해 폭력이 동원되어야만 했습니다. 독재와 폭력은 저항을 낳고 그것은 더욱 큰 폭력과 독재를 부릅니다. 악순환이 진행되는 것이지요. 볼셰비키의 소련은 독재와 폭력, 공포가 가득 덮인 사회가 되고 말았습니다. 게다가 생산력의 하락으로 경제 상태는 마르크스의 해법이 실시되기 전보다 훨씬 나빠졌습니다.

마르크스의 해법은 의심을 받았고 이런 의심은 계속 커져만 갔습니다. 생산력은 이후에도 별로 회복되지 못했기 때문입니다. 1991년 소련은 독재와 폭력에 대한 국민들의 오랜 저항을 이기지 못하고 민주주의를 받아들였고, 국민들은 마르크스의 실험을 끝내고 자본주의로 되돌아가기를 원했습니다. 그리하여 소련의 실험은 실패로 끝났습니다. 그 실험은 마르크스의 해법이 어떤 상태에서나 무조건 적용하기만 하면 되는 것이 아니라 일정한 조건이 갖추어졌을 때에만 가능하다는 교훈을 남겼습니다. 그 조건이란 다름 아닌 자본주의가 만들어 내는 사회적 생산력과 민주주의라는 조건이었습니다. 실패의 원인은 독일과 비슷했지만 교훈은 조금 달랐습니다.

새로운 시도의 싹들

소련의 실험은 결국 실패로 판정 나긴 했지만 한동안 꽤 오래 지속되었습니다. 1917년에 시작하여 1991년에 끝났으니까요. 이 기간 동안

소련은 자본주의 진영과 대립하였고 그래서 거기에서 실천에 옮겨진 마르크스의 해법은 내내 커다란 논란이 되었습니다. 대개 동서냉전이라고 부르는 대립이었습니다. 비록 실패로 끝났다고는 해도 소련의 실험은 자본주의 진영에 많은 영향을 끼쳤습니다. 소련은 노동시간을 하루에 8시간으로 줄였고 노동자들에게 각종 경제적 권리를 부여했습니다. 이로 인해 자본주의 진영도 어쩔 수 없이 노동시간을 8시간으로 줄이고 노동자들의 경제적 권리를 높이기 위한 조치들을 시행했습니다. 국제노동기구(ILO)가 만들어진 것이 대표적인 사례입니다. 하지만 소련이 붕괴되고 나자 이제 자본가들은 그럴 필요가 없다고 생각했습니다. 마침 자본주의 내에서 노동자들과 타협을 모색하던 케인스주의도 몰락했습니다.

"마르크스는 끝났다!"

자본가들은 소련의 붕괴를 마르크스의 해법이 실패한 것이라고 큰 소리로 주장하였습니다. 그래서 노동시간은 다시 늘어나고 노동자들의 경제적 권리에 대한 대대적인 공격도 함께 이루어졌습니다. 우리가 앞에서 이미 본 신자유주의라고 하는 것이 바로 그것입니다. 그런데 마르크스의 해법은 원래 자본주의의 위기에 대한 해법으로 제시된 것입니다. 즉 자본주의는 생산과 소비를 일치시킬 수 없는 구조적인 모순을 가지고 있다는 것이지요. 그래서 '마르크스는 끝났다!'라는 주장은 곧 자본주의가 이런 구조적인 모순을 더 이상 가지고 있지 않다는 것을 주장하는 것이기도 했습니다. 자본가들의 경제학이 처음에 그랬던 것처럼 말입니다. 그래서 생산과 소비의 불일치는 존재하지 않으며 이들의 불일치는 시장에서 조화롭게 해결된다는 주장도 다시 넘쳐 났습니다.

하지만 2008년 미국에서 위기가 다시 발발하면서 이들의 주장은 모두 단번에 거짓으로 탄로가 났습니다. 자본주의는 여전히 생산과 소비의 불일치라는 구조적인 모순을 가지고 있다는 것이 그대로 드러난 셈이지요. 그리하여 최근 새로운 해법들이 다시 등장하고 있습니다. 이들 시도는 마르크스의 해법과 직접 관련이 없는 것들이 대부분입니다. 아마도 소련의 실패가 남긴 마르크스의 해법에 대한 실망과 의심을 피하려는 의도 때문이 아닐까 싶기도 합니다. 이들 시도는 다양한 갈래로 이루어지고 있고 아직은 그 역사가 길지 않은 데다 실천에 옮겨진 사례도 그리 범위가 넓지 않아서 지금 당장 그 성패를 판정하기에는 어려움이 많습니다. 단지 어떤 시도들이 있는지, 그들 시도가 향하고 있는 방향은 어떤 것인지는 한 번 정도 살펴보아야 하지 않을까 싶습니다. 헬조선의 해법을 모색하는 데에는 도움이 될지 모르니까요.

우선 2011년 10월 미국 뉴욕의 월스트리트에서 있었던 "점령하라(Occupy)!" 운동을 들 수 있습니다. 이 운동은 1980년대 이후의 신자유주의가 1퍼센트에게만 번영을 안겨 주고 나머지 99퍼센트에게는 오히려 빈곤을 키웠다고 지적하였습니다. 이들은 이런 불평등의 원인이 1퍼센트의 과도한 탐욕 때문이며 따라서 그 탐욕에 희생된 99퍼센트에게 "분노하라!"고 외쳤습니다. 하지만 이 운동은 그것을 주도하는 조직이 없고 자신들의 요구를 담은 제도적 대안이 무엇인지 분명하게 보여 주지 않았습니다. 게다가 운동이 주로 "분노하라!"는 감성에 의지

하고 있어서 오래 지속되지도 못했습니다. 감성이란 쉽게 달아올랐다가 금방 수그러드는 것이니까요. 이 운동은 한때 전 세계로 확산되기도 하였지만 별다른 성과를 거두지 못하였습니다. 일시적이고 감성적인 주장만으로는 사회적 해법이 되지 못한다는 것을 보여 준 것이지요. 하지만 이 운동은 일단 변화를 요구하는 다수의 의지를 펼쳐 보였다는 점에서는 분명한 의의를 가지고 있습니다.

보다 지속적이고 구체적인 해법들도 나타나고 있습니다. 먼저 19세기에 시작된 협동조합 운동을 들 수 있습니다. 유럽의 스페인이나 이탈리아 일부 지방에서 비교적 성공한 사례들이 존재하지요. 이 운동은 무엇보다 자본주의에서 생산의 의사결정이 자본가 한 사람 대신 조합원 대다수에 의해 결정되면서 운영될 수 있다는 사례를 보여 주고 있습니다. 생산과 소비의 불일치를 조정할 수 있는 단서가 실천되고 있는 것이지요. 하지만 협동조합의 이런 의사결정이 곧바로 사회적인 성격을 띠고 있다고 보기는 어렵습니다. 아직은 조합원들만의 공동결정일 뿐이고 조합원이 아닌 사람들을 모두 포괄하는 사회적 성격을 띠기에는 한계가 있는 것이지요. 그래서 이 운동은 아직 특정한 지역이나 범위에 국한되어 이루어지고 있습니다. 이것이 사회 전체로 확산되기 위해서는 조합원의 범위를 넘어서는 보다 일반적인 사회적 해법으로 발전해 나가야 할 것입니다. 이 운동이 그런 발전으로 이어질지는 앞으로 두고 볼 일이지요.

협동조합과 비슷한 것으로 사회적 기업이란 것도 존재합니다. 그것은 사적 이익보다는 사회적 이익을 추구하면서 동시에 사회 취약계

층에게 일자리를 제공하는 기능을 수행합니다. 이것은 생산을 담당하면서 사회적 성격을 띤다는 점에서 의미가 있긴 하지만 대개 매우 영세한 규모로 정부의 지원을 받아야만 존립이 가능한 것이어서 본격적인 자본주의의 대안으로 생각하기에는 한계가 많습니다.

공정무역이란 것도 존재하는데 이것은 과거 식민지 시절 선진국과 개발도상국 사이에서 이루어지던 불평등한 무역구조를 일부 개선하려는 노력입니다. 선진국의 과도한 수탈을 막아 개발도상국 생산자들이 자립할 수 있도록 돕는 프로그램이지요. 이런 불평등의 해소는 선진국에서의 생산과 소비의 불일치가 개발도상국에게 전가되는 것을 막는 의미가 있습니다. 하지만 그것은 자본주의의 모순이 빚어낸 결과를 개선하는 것일 뿐이고 그런 모순을 만들어 내는 원인을 근본적으로 해결하는 것과는 거리가 멀다고 볼 수 있습니다.

최근 주목을 받는 것으로 기본소득이라는 것도 있습니다. 소비의 사회화를 국가 차원에서 제도화하는 것으로 생산과 소비의 불일치는 물론 노동빈곤도 함께 해소할 수 있는 좋은 개념으로 이루어져 있습니다. 그런데 이것도 자본주의의 모순이 만들어 낸 결과에 초점이 맞추어져 있고 그런 모순의 원인을 이루는 생산의 구조를 바꾸는 것과는 거리가 있어 보입니다.

이들 해법은 모두 일정한 한계를 가지고 있고 그래서 아직 충분한 해법이라고 보기에는 거리가 있어 보입니다. 그러나 '첫술에 배부르랴'라는 속담도 있지 않습니까? 이들 해법은 대부분 이제 막 걸음마를 떼고 있을 뿐이고 앞으로 그것들이 어떻게 발전할지는 속단할 수 없습니다. 오히려 중요한 것은 이들 해법이 모두 현재의 상태로부터 변화를 추구하고 있다는 점이며 이들이 추구하는 변화가 모두 경제의 성격을 사적인 것에서 사회적인 것으로 바꾸려는 공통된 방향을 가지고 있다는 점입니다. 그것은 곧 자본주의의 사적 성격이 위기의 원인이라는 점을 분명하게 말해 주는 것이지요. 우리가 헬조선의 궁극적인 해법을 어디에서 찾아야 할 것인지를 간접적으로 알려 주고 있다고 할 수 있습니다.

한편 이들 해법과는 조금 다르게 케인스주의로 되돌아가자는 주장도 있습니다. 국가를 다시 불러들이자는 것이지요. 우리나라 사람으로 영국에서 교수를 하고 있는 장하준이나 미국의 노벨상 수상자 폴 크루그만 같은 사람들이 바로 거기에 해당합니다. 하지만 이것은 이미 철이 지나 버린 옷을 다시 꺼내 입자는 것과 마찬가지입니다. 우리가 앞서 보았듯이 케인스주의의 처방은 위기를 잠시 뒤로 미루는 일시적인 해결책에 불과했습니다. 게다가 원래 케인스주의는 두 가지 유리한 조건이 있었기 때문에 가능했습니다. 두 차례의 세계대전이 만들어 준 소비의 공백과 테일러주의라는 생산력의 증가가 바로 그것입니다. 지금은 그런 소비의 공백도, 새로운 생산력의 원천도 마련되어 있지 않기 때문에 케인스주의는 다시 효력을 발휘하기 어렵습니다. 이런 주장은 단지 현재의 신자유주의적 자본주의를 바꿀 필요가 있다는 의미는 있겠지만 그것의 해법은 아닌 것입니다. 물론 이것을 주장하는 사람들이 모두 자본가들의 경제학을 한 사람이다 보니 보다 근본적인 다른 해법을 생각할 여지가 없기 때문에 당연한 것이기도 합니다.

3 진정한 해법: 마르크스의 약속

마르크스의 의문

1848년 2월 25일 브뤼셀 역으로 요란한 기적소리를 내며 기차 한 대가 도착했습니다. 그런데 기차가 도착하자마자 기차의 가장 앞 쪽에 위치한 기관실에서 기관사가 뛰어내리더니 역 앞의 광장으로 달려갔습니다. 광장에 도착한 기관사는 가쁜 숨을 몰아쉬면서 지나가는 사람들에게 큰 소리로 외쳤습니다. "파리에서 혁명이 일어났습니다! 파리는 붉은 깃발로 뒤덮였습니다!" 광장의 이곳저곳에서 금방 사람들이 기관사의 주변으로 몰려들었습니다. 사람들은 기관사에게 요란한 질문들을 어지럽게 퍼붓고 기관사는 이들 질문에 정신없이 답하면서 광장은 순식간에 소란의 도가니로 변해 갔습니다. 바로 그때 광장의 한쪽 구석에서 이 소란을 흥분에 들떠 지켜보던 한 남자가 있었습니다. 모국이었던 독일에서 추방당해 망명을 와 있던 카를 마르크스라는 사람이었습니다.

혁명 소식은 계속 이어졌습니다. 3월이 되면서 비엔나와 베를린, 밀라노와 프라하에서 잇따라 혁명 소식이 전해졌습니다. 이들 도시는 모두 혁명세력에 의해 장악되었습니다. 혁명의 물결이 유럽 전역을 뒤덮었고 사람들은 이제 세상이 바뀔 것이라고 생각했습니다. 하지만 딱(!)

거기까지였습니다. 마치 썰물이 빠져나가듯이 매우 짧은 기간에 대부분의 혁명은 진압되었고 혁명의 물결은 급격히 가라앉았습니다. 브뤼셀에서 파리의 첫 혁명 소식을 흥분에 떨며 지켜보았던 마르크스는 깊은 실의에 빠졌습니다. 망명을 청산하고 독일로 돌아갈 수 있다는 희망이 사라져 버린 것이지요. 하지만 바로 이 마르크스의 실의가 자본주의의 미래에 대한 진정한 해법이 만들어지는 계기가 되었습니다. 그가 혁명의 발발과 실패에 대하여 깊은 의문을 품고 그 의문을 풀기 위한 작업에 착수했기 때문입니다. 작업은 이후 약 20년 동안 이어졌고 결국 진정한 해법으로 열매를 맺었습니다.

작업의 단서는 1848년 혁명이 제공해 주었습니다. 이 혁명은 1848년 자본주의의 위기 때문에 촉발된 것이었습니다.

이미 자본주의가 만들어 낸 노동빈곤에 시달리고 있던 노동자들에게 자본주의의 위기는 경제적 어려움을 가중시켰고 그것이 노동자들의 분노를 불러일으켰던 것입니다. 그에 따라 두 가지 의문이 작업의 출발점을 이루었습니다. 하나는 자본주의의 위기가 왜 발생하였는가 하는 것이었고, 다른 하나는 그 위기가 노동자들에게 어떤 영향을 미쳤는가 하는 것이었습니다. 전자의 의문은 자본주의가 구조적인 문제를 안고 있다는 것과 관련되어 있고 후자의 의문은 자본주의를 바꾸려는 사람들의 의지와 관련된 것이었습니다. 이들 두 가지는 자본주의가 지속되기 어렵고 결국 변화할 수밖에 없다는 것을 말해 줍니다. 그런데 막상 1848년 혁명은 실패로 끝났습니다. 자본주의는 구조적인 결함에도 불구하고 그것을 변화시키려는 사람들의 의지에 따르지 않았습니다.

마르크스는 사람들의 의지와 자본주의의 구조적인 결함이 저절로 일치하지 않는다는 것을 알아챘습니다. 혁명은 그래서 실패했던 것입니다. 그렇다면 이 둘을 일치시킬 수 있는 방법을 찾아내야만 할 것입니다. 그리고 그 방법이야말로 자본주의를 변화시킬 수 있는 진정한 해법일 것입니다.

그는 먼저 자본주의의 구조가 인간의 의지와는 무관한 별도의 법칙에 지배를 받는다고 생각했습니다. 그 법칙을 알아내면 거기에 인간의 의지를 일치시킬 수 있는 방법을 찾아낼 수 있습니다. 그것은 마치 바다에서 바람을 이용해서 배를 움직이는 경우와 마찬가지입니다. 바람은 사람의 의지와는 무관하게 자연이 일으키는 것이지만 그 바람의 방향을 알아내면 돛을 조종하여 배를 원하는 방향으로 몰아갈 수 있습니다. 인간의 의지와 무관한 법칙을 인간의 의지와 일치시키는 것입니다.

그래서 그는 자본주의의 구조를 지배하는 자연법칙을 찾아내기 위해서 두 가지 방법을 사용하였습니다. 하나는 구조적인 방법이고 다른 하나는 시간적인 방법입니다. 제가 이 책의 첫 부분에서 이미 얘기했던 것입니다. 전자의 방법에 대해서는《마르크스의 자본, 판도라의 상자를 열다》에서 설명하였고 이 책에서는 후자의 방법을 설명한다고 했지요. 그러면 우리가 지금까지 살펴보았던 인류의 경제에 대한 역사를 통해서 마르크스가 찾아낸 자본주의의 자연법칙을 정리해 보도록 할까요?

자본주의를 지배하는 자연법칙

역사적으로 보면 인류의 경제생활은 크게 네 단계를 거치면서 발전해 왔습니다. 원시공산제, 노예제, 봉건제, 그리고 자본주의가 바로 그것입니다. 이들 발전과정에는 그것을 주도하는 하나의 뚜렷한 요소가 자리를 잡고 있습니다. 생산력의 발전입니다. 인류는 처음 생존의 우리를 탈출하면서 동물에서 진화하였고, 그 탈출은 집단을 구성하고 도구를 사용하는 독자적인 생산력을 발견했기 때문에 가능했습니다. 이 생산력은 인류에게 생존을 위한 노동시간 이외의 여가시간을 제공해 주었고 그 여가시간이야말로 인류가 동물과 구별되는 본질적인 요소였습니다. 그렇기 때문에 인류의 발전은 여가시간을 늘려 나가는 과정이었고 그것은 곧 생산력의 발전으로 나타났던 것입니다. 인류는 생산력의 발전을 통해 네 단계를 거쳐 왔고 자본주의도 바로 그런 발전의 산물입니다. 이것이 곧 자본주의를 지배하는 첫 번째 자연법칙입니다.

그런데 이런 생산력의 발전이 네 단계로 구분되어 나타난 까닭은 생산력을 이루는 구성요소, 즉 노동력과 생산수단이 결합하는 방식이 바뀌었기 때문입니다. 이들 두 요소의 결합방식을 생산관계라고 부릅니다. 생산관계는 생산력의 성격과 긴밀한 관련을 맺고 있었습니다.

첫 번째 단계인 원시공산제에서는 개인이 생산력을 이룰 수 없었기 때문에 생산관계는 집단적 성격을 띠고 있었습니다. 그래서 생산된 부는 모두 공동으로 분배되었습니다. 생산관계는 공동체적 성격을 띠고 있었던 것이지요. 하지만 생산력이 발전하여 개인별로 분화하면서 생산관계에서도 사적 성격이 발생하였습니다. 그리하여 공동체적 성격과 사적 성격이 나란히 존재하는 새로운 생산관계가 만들어지고 그것이 두 번째 단계인 노예제를 이루었습니다.

하지만 공동체적 성격과 사적 성격은 쉽게 조화를 이루지 못한다는 것을 노예제는 보여 주었습니다. 사적 성격은 공동체적 성격을 압도하는 수준으로까지 발전해 나가고 이들 둘 사이의 균형이 무너지자 노예제는 무너지고 말았습니다. 그래서 다시 사적 성격을 배제하고 공동체적 성격을 중심으로 하는 새로운 생산관계가 만들어졌습니다. 그것이 세 번째 단계인 봉건제입니다. 그런데 생산력의 발전은 다시 사적 소유를 만들어 내고 그것은 다시 공동체적 성격을 압도하기 시작하였습니다. 공동체적 성격과 사적 성격이 충돌하면서 혁명이 발발하였고 그것은 봉건제를 해체하고 자본주의라는 새로운 사회를 만들어 냈습니다. 사적 소유가 공동체적 소유를 압도하는 사회가 된 것이지요.

하지만 이런 사회가 오래 지속되기는 어려웠습니다. 사적 소유의 지나친 강화는 1929년 자본주의의 위기를 만들어 냈고, 위기로부터 벗어나기 위한 방법을 찾는 과정에서 두 번의 세계대전이 일어났습니다. 결국 사적 성격을 규제하고 공동체적 성격을 강화하는 케인스주의가 새롭게 도입되었습니다. 생산관계는 사적 성격과 공동체적 성격의 균형을 회복하였고 자본주의는 한동안 번영을 이루었습니다. 하지만 케인스주의의 생산력이 한계에 도달하면서 다시 사적 소유가 부활하였고 그것은 공동체적 소유를 압도하는 체제로 발전하였습니다. 이른바 신자유주의였지요. 그런데 이런 사적 소유의 지나친 성장은 결국 다시 2008년 자본주의의 위기를 만들어 냈습니다. 생산관계의 사적 성격과 공동체적 성격의 균형이 자본주의를 지배하는 또 하나의 자연법칙이라는 것을 우리는 알 수 있습니다.

이처럼 자본주의를 지배하는 자연법칙은 크게 두 가지로 정리할 수 있습니다. 하나는 생산력이 계속 발전해야 한다는 것이고 다른 하나는 생산관계의 사적 성격과 공동체적 성격이 균형을 이루어야 한다는 것입니다. 자본주의를 변화시키기 위해서는 이들 두 자연법칙에 따라야만 하는 것입니다. 따라서 자본주의를 변화시킬 수 있는 해법은 생산관계의 사적 성격과 공동체적 성격이 균형을 이루면서 동시에 자본주의보다 생산력을 더 발전시킬 수 있어야 합니다. 마르크스는 이 두 가지를 모두 충족시키는 해법을 찾아냈습니다. 그 해법은 어떤 것일까요?

진정한 해법과 노동시간의 단축

자본주의에서 부의 크기는 인간의 노동량에 의해 결정됩니다. 따라서 자본주의보다 생산력을 더욱 발전시키기 위해서는 인간의 노동량이 늘어나야만 합니다. 하지만 자본주의에서 노동자는 이미 과도한 노동을 수행하고 있습니다. 따라서 생산력을 더욱 높일 수 있는 단서는 노동자의 노동을 늘리는 데에 있지 않습니다. 자본주의에서 노동자를 제외하면 자본가뿐입니다. 그런데 자본가는 노동자에게서 빼앗는 노동 덕분에 노동을 하지 않습니다. 자본주의에서 노동량을 늘릴 수 있는 곳은 바로 여기뿐입니다.

그런데 혹시 자본가들은 자신들도 노동을 한다고 항변하지 않을까요? 물론 자본가들도 마냥 아무것도 하지 않고 놀고먹기만 하는 것은 아닙니다. 노동자들을 감시하고 지휘하는 노동을 하지요. 마르크스도 사실 자본가들의 이런 항변을 알고 있었고 자신의 저서《자본》에서 그에 대한 답변을 해 주고 있답니다. 그는 이런 노동을 노동자들의 노동과 구별하여 감독노동이라고 부릅니다. 감독노동은 노동생산물을 직접 만들어 내는 것이 아닙니다. 그것은 노동자들이 만들어 내는 노동생산물을 관리 감독하는 노동일뿐입니다. 즉 그 노동은 직접적인 것이 아니라 노동자들의 노동을 전제로 하는 파생적인 것입니다. 사실 그 노동은 바로 노동자들의 노동을 빼앗는 노동일 뿐입니다. 그래서 그것은 부의 크기를 결정하는 노동량에 포함되지 않습니다.

그것은 마치 기수가 달리는 말에 채찍질을 해서 더 먼 거리를 달리게 하는 경우에 비유할 수 있습니다. 기수는 채찍질이라는 감독노동을 통해 말의 노동량을 늘리긴 했지만 결국 늘어난 노동량은 모두 말의 육신을 소모시켜 얻어진 것입니다. 기수의 노동은 늘어난 노동량에 포함되지 않습니다. 자본가가 수행하는 노동은 바로 이런 기수의 노동과 같은 것입니다. 따라서 마르크스의 해법은 자본가가 노동자의 노동에 더 이상 의존하지 않고 스스로 노동을 하도록 만드는 데에 있습니다. 이를 위해서는 자본가가 노동자에게서 노동을 빼앗지 못하도록 만들어야 합니다. 자본가가 노동자의 노동을 빼앗을 수 있는 것은 생산수단을 혼자서 독차지하고 있기 때문입니다.

그러므로 자본가가 사적으로 소유하고 있는 생산수단을 사회 전체의 공동소유로 만들어 버리면 자본가도 이제 노동을 수행할 수밖에 없습니다. 이것은 곧 생산관계의 변화를 의미합니다. 즉 사적 성격이 압도하던 생산관계가 공동체적 성격으로 바뀌는 것이지요. 이리하여 마르크스는 생산관계의 변화와 생산력의 발전을 동시에 달성할 수 있는 해법을 찾아냈습니다. 그러면 이제 남는 것은 이 해법을 인간의 의지와 일치시키는 문제입니다. 즉 과연 누가 어떻게 그 해법을 실천해 나갈 것인가의 문제입니다. 그것은 마치 쥐들이 고양이 목에 방울을 달아 잡아먹힐 위험을 사전에 방지할 수 있

다는 것을 생각해 낸 다음 마지막에 부딪친 고민, 즉 방울을 누가 어떻게 달 것인가의 문제와도 같습니다. 마르크스는 그것의 단서를 자본주의를 넘어서는 새로운 생산력에서 찾아냈습니다.

자본주의에서 보다 더 높은 생산력을 달성하려면 자본가가 노동자에게서 더 이상 노동을 빼앗을 수 없어야만 한다고 했습니다. 그것은 자본가가 노동자의 노동에 의존해 있다는 것을 의미합니다. 즉 부의 원천인 노동을 둘러싼 자본가와 노동자의 관계에 있어서 주도권은 노동자에게 주어져 있는 것입니다. 자본가는 자신의 경제적 지위는 물론 자신이 먹고사는 문제도 모두 노동자의 노동에 의존하고 있으니까요. 직원이 한 명도 없는 사장이나 회장이란 것이 어떤 것일지 생각해 보면 금방 알 수 있는 일입니다. 그러므로 자본주의를 변화시킬 의지는 오로지 노동자에게서만 나올 수 있습니다. 그런 점에서 초기 사회주의의 시도와 독일과 소련의 실험이 왜 실패했는지를 돌아볼 필요가 있습니다. 그것들은 모두 노동자의 의지를 충분히 끌어내지 못했기 때문에 실패한 것입니다. 초기 사회주의는 양심적인 부르주아 지식인들이, 독일에서는 농민의 도움을 받아서, 소련에서는 소수의 볼셰비키가 변화를 주도하려고 했을 뿐 정작 노동자들의 의지는 별로 중요하게 고려하지 않았던 것입니다.

마르크스는 사적인 자리에서 역사상 가장 존경하는 인물로 로마시대의 검투사로서 노예들의 반란을 주도한 스파르타쿠스를 들곤 했습니다. 그 이유는 바로 이 변화의 의지와 깊은 관련이 있습니다. 노예는 족쇄가 채워져 자유를 잃고 주인에게 예속된 사람입니다. 그에게 족쇄를 채운 사람은 주인입니다. 따라서 노예가 해방될 수 있는 방법은 얼핏 주인이 그 족쇄를 풀어 주는 방법뿐인 것처럼 보입니다. 하지만 스파르타쿠스는 주인의 힘을 빌리지 않고 자기 스스로의 힘으로 그 족쇄를 깨뜨리고 자신을 해방시킨 사람입니다. 마르크스가 생각한 변화의 의지란 바로 이런 것입니다. 자본주의는 생산수단을 빼앗기고 자본가에게 예속된 노동자들이 스스로 그 족쇄를 깨뜨리는 방식으로만 변화될 수 있는 것입니다. 그러나 주인에게 예속된 노예가 족쇄를 스스로 깨뜨린다는 생각을 하는 것이 쉬운 일이 아니듯, 자본주의에서 노동자들이 자본가를 위한 노동을 중단하고 생산수단을 그들에게서 빼앗아 사회화하는 일도 결코 말처럼 간단하지 않습니다.

마르크스는 이런 의지를 만들어 낼 수 있는 단서가 생산력의 비밀 속에 숨어 있다고 은밀하게 알려 주고 있습니다. 앞서 우리가 보았듯이 인류의 생산력은 여가시간을 지렛대로 삼고 있습니다. 그것은 여가시간을 찾아내면서 출발하였고 여가시간을 늘리면서 계속 발전해 왔습니다. 따라서 자본주의를 변화시킬 노동자의 의지는 여가시간을 만들어 내는 데에 성패가 좌우되고 그것은 노동시간의 단축에 달려 있습니다. 자본주의에서 노동자의 노동시간은 두 부분으로 이루어져 있고 한 부분은 노동자가, 다른 한 부분은 자본가가 가져갑니다. 노동자가 가져가는 부분은 불변의 크기입니다. 그것은 노동자의 생존을 위해 필요한 부분이기 때문입니다. 자본가가 가져가는 부분이 바로 원래 여가시간이었던 부분입니다. 따라서 노동시간의 단축은 자본가가 가져가는 부분이 줄어들고 노동자의 여가시간이 만들어진다는 것을 의미합니다.

결국 자본주의의 자연법칙과 인간의 의지를 일치시킬 수 있는 마르크스의 진정한 해법은 노동시간의 단축을 그 출발점으로 삼고 있는 것입니다. 마르크스의 해법이 진정한 것인 까닭은 그것이 현재 출구를 잃은 자본주의의 위기에 대한 정확한 답을 제시하고 있기 때문입니다. 앞서 우리는 자본주의에 대한 미래의 단서 세 가지를 자본주의의 위기 속에서 찾아냈습니다. 첫째는 너무 많은 노동시간이었습니다. 마르크스의 해법은 노동시간의 단축을 출발점으로 삼고 있기 때문에 이것에 대한 직접적인 해법을 담고 있습니다. 둘째는 생산과 소비의 의사결정 구조가 다른 것이었습니다. 마르크스의 해법은 생산수단의 사적 소유를 사회적 소유로 바꾸면서 생산의 의사결정 구조를 사회적 형태로 바꿈으로써 생산과 소비의 의사결정 구조를 일치시키고 있습니다. 셋째는 생산과 소비의 자연적 신진대사가 파괴된다는 것이었습니다. 마르크스의 해법은 자본가를 모두 노동자로 바꿈으로써 과도한 생산의 원인이 되는 잉여가치의 존재 자체를 제거하고 있습니다. 자연적 신진대사의 균형을 회복시키고 있는 것입니다.

이처럼 마르크스의 해법은 궁극적으로 자본주의의 고질적인 모순인 생산과 소비의 불일치를 해소하는 방향으로 이루어져 있습니다. 더구나 그것은 자본주의보다 더 높은 생산력을 이룩함으로써 자본주의의 미래를 보여 주고 있습니다. 그의 해법이 진정한 것인 이유가 여기에 있습니다. 그리고 그는 이 모든 것의 출발점이 노동시간의 단축에서 마련된다고 강조하였습니다. 헬조선의 탈출구도 바로 여기에 있다는 것은 두말할 필요도 없습니다.

에필로그

내일은 온다

미루어진 약속

머리가 성성하게 센 노교수가 나이를 잊은 듯 열정이 넘치는 강의를 막 마치려 할 무렵 학생 한 명이 손을 번쩍 들었다. "교수님 질문 있습니다!" 교수가 학생에게 질문이 무엇이냐고 되물었다. 그러자 학생이 약간 빈정거리는 투로 이렇게 물었다. "교수님께서는 강의 때마다 항상 '내일 사회주의(마르크스의 해법을 가리키는 말이다)가 실현될 것이다'라고 강조해 오셨는데 아직도 사회주의가 실현되지 않았으니 도대체 그 내일은 언제입니까?" 그러자 교수가 버럭 이렇게 대꾸했다. "야! 임마, 너 내일 살아 봤어?"

대중적인 마르크스주의자 에르네스트 만델의 일화입니다. 정말 그렇습니다. 마르크스의 진정한 해법이 처음 세상에 모습을 드러낸 것은 자본주의가 아직 한창 번성기를 누리던 약 150년 전이었습니다. 하지만 세상 어디에도 아직 그의 해법이 실현된 곳은 없습니다. 단지 그의 해법에 조금 다가섰다고 평가받는 곳이 북유럽의 몇 나라에 일부 있을 뿐입니다. 그의 해법은 여전히 '미루어진 약속'에 그치고 있는 것이지요. 그렇다면 그의 해법은 결국 지켜질 수 없는 공수표인 것일까요?

이 물음에 대한 일차적인 답은 우리가 지금까지 살펴본 역사로부터 찾을 수 있습니다. 이들 역사는 모두 현재의 제도가 과거 제도의 산물이라는 것을 보여 줍니다. 자본주의는 그것에 앞서 존재한 봉건사회의 산물이며 봉건사회는 노예사회의 산물이고 노예사회는 원시사회의 산물입니다. 원인 없는 결과는 없으며 시간적인 흐름에 있어서도 그것은 마찬가지입니다. 즉 현재는 항상 과거의 산물입니다. 그렇다면 현재는 어떻게 될까요? 그것도 당연히 미래라는 자신의 산물을 만들어 냅니다. 현재는 반드시 소멸하고 새로운 미래로 바뀌는 것입니다. 역사는 바로 그것을 우리에게 하나의 자연법칙으로 보여 줍니다. 쿠친스키 교수가 말하는 '내일'에는 그런 의미가 담겨 있고 그가 말한 사회주의는 바로 마르크스의 진정한 해법입니다. 그래서 역사를 보면 마르크스의 해법이 반드시 실현될 것이라는 믿음을 가질 수 있습니다.

그런데 문제는 실현되기까지 걸리는 시간입니다. 학생의 빈정거리는 질문도 그것을 겨냥한 것입니다. 도대체 언제 실현되느냐는 것이지요. 이 물음과 관련하여 유럽 사람들이 좋아하는 경구가 하나 있습니다. "인간은 누구나 죽는다. 이 사실을 모르는 인간은 하나도 없다.

하지만 이상하게도 모든 인간은 마치 자신이 죽지 않을 것처럼 행동한다. 이것이 인간 사회를 이해하는 데 반드시 염두에 두어야 할 모순이다." 인간의 수명은 기껏해야 100살을 넘기기 힘들지만 사회제도는 수명이 훨씬 깁니다. 자본주의만 하더라도 이미 250년 이상의 수명을 가지고 있고 자본주의 이전의 노예사회나 봉건사회도 거의 1000년에 가까운 수명을 유지했습니다. 그래서 인간은 사회제도가 바뀌는 것을 직접 확인할 수 없습니다. 위의 학생이 말한 내일이 언제인지 확인하기 어려운 까닭이 바로 거기에 있습니다. 마르크스의 해법이 갖는 어려움도 바로 이 점에 있습니다.

그 해법은 사람의 수명을 훨씬 넘는 사회제도에 대한 해법이고 따라서 한 사람의 인간이 평생을 지켜보아도 실현되는 것을 보기 어렵습니다. 바로 그렇기 때문에 그 해법은 실천에 옮겨지기 어렵습니다. 사람들은 대개 눈에 보이지 않는 것을 잘 믿지 않기 때문입니다. 따라서 마르크스의 해법이 실현되기 위해서는 자신이 보지 못하는 것을 묵묵히 실천하는 사람들이 필요하고 그것도 이런 사람들이 오랜 기간 끊임없이 이어져야 합니다. 결코 쉬운 일이 아니지요. 그래서 마르크스의 해법이 나온 지 150년이 되었지만 그의 해법이 막상 실천에 옮겨진 나라는 얼마 되지 않습니다. 오늘날 전 세계 모든 사람이 부러워하는 북유럽의 몇몇 나라가 바로 그런 나라들입니다. 마르크스의 해법이 알려져 있었음에도 불구하고 이들 나라 외에는 그 해법이 실천에 옮겨지지 못한 것입니다.

그러나 이런 어려움에도 불구하고 자본주의가 만들어 낸 위기와 헬조선의 상태를 치유할 수 있는 방법은 지금으로서는 마르크스의 해법 외에 달리 기댈 만한 것이 없습니다. 다른 해법들은 대부분 이미 실패한 것으로 드러났거나 이제 막 걸음마를 떼기 시작한 것들이어서 아직 충분히 성숙하지 않은 것들뿐입니다. 하지만 유념해야 할 점도 있습니다. 마르크스의 해법이 150년 전에 만들어진 것이고 지금 우리가 살고 있는 세상은 당시의 자본주의와는 사뭇 다른 점도 많기 때문입니다. 그래서 마르크스의 해법은 지금 우리에게 최종적이고 완결된 해법이기보다는 우리가 진정한 해법을 만들어 나가기 위한 첫 번째 디딤돌 정도라는 것입니다.

그렇다면 이 해법을 실천에 옮기는 방법은 어떤 것일까요? 눈에 보이지도 않는 해법을 어떻게 실천에 옮길 수 있을까요? 이미 그의 해법을 실천에 옮긴 북유럽 나라들의 경험은 우리에게 그 방법에 대한 시사점을 던져 줍니다.

약속의 실현을 위하여

2013년 독일 노동계는 큰 행사를 치렀습니다. 마르크스의 해법을 실천하기 위해 노동자들이 설립한 독일 노동자 정당의 나이가 150세가 되는 뜻깊은 해였기 때문입니다. 그동안 이 정당은 사회민주당이라는 자신의 이름을 한 번도 바꾼 적이 없고 특히 처음 사용했던 정당의 깃발을 지금도 전당대회 때마다 그대로 사용하고 있습니다. 10년이 멀다 하고 끊임없이 당명을 바꾸고 당의 색깔과 깃발도 바꾸는 우리의 사정과 비교하면 전혀 다르지요.• 150년이 된 깃발을 보면서 이 정당의 당원들은 어떤 생각을 하게 될까요? 자신들이 하고 있는 실천이 얼마나 장기간에 걸쳐 이루어지고 있는지, 따라서 비록 자신의 눈으로 직접 보지 못한다고 해도 자신의 실천이 결국 열매를 맺을 것이라고 확신할 수 있을 것입니다. 이런 구조에서 개인이란 존재는 독자적인 의미를 갖기 어렵습니다. 거기에서는 개인이 속한 집단적 조직만이 의미를 가질 수 있을 것입니다. 마르크스의 실천이 옮겨질 수 있는 첫 번째 요인입니다. 150년이나 되도록 정체성을 유지하면서 꾸준한 실천을 이어가는 집단적 조직 말입니다.

그런데 이처럼 오랜 기간 꾸준한 실천이 이어지기 위해서는 앞서 실천을 수행한 사람의 의지와 실천의 노하우가 뒷사람에게 전달되는 체계가 필요합니다. 그것이 바로 교육체계입니다. 독일에는 이런 교육을 담당하는 기관이 별도로 설립되어 있습니다. 프리드리히 에버트 재단이라고 부르는 곳입니다. 이 재단은 혁명을 통해 독일 노동자들이 마르크스의 해법을 실천에 옮길 수 있게 되었던 1925년에 설립되어 이미 90년이 넘는 역사를 가지고 있습니다. 이 재단은 해마다 약 1억 5000만 유로(2015년 기준, 우리나라 돈으로 약 2000억 원이 넘는 금액)의 예산을 정부로부터 받아 2800개의 교육기관을 운영하고 있답니다. 재단

• 자신들과 생각이 다르기만 하면 '빨갱이'라고 몰아세우던 새누리당이 정작 붉은색을 당의 색깔로 사용하고 있는 것은 비웃음을 살 만하다. 참고로 노동빈곤을 해결하려던 사회주의 노동운동은 전통적으로 붉은색을 자신의 색깔로 사용하는데 이때의 붉은색은 '결코 포기하지 않는다'라는 의미를 가진 것이다. 과거 전장에서 흔히 사용하던 것으로 흰색은 "항복!", 붉은 깃발은 "마지막까지 싸운다!"는 의미였다고 한다.

| 1863년 창당 시 사용되었던 사민당의 깃발은 150년이 지난 지금까지도 그대로 사용되고 있다. | 깃발 상단 자유, 평등, 박애. 이 표어는 바로 프랑스혁명의 표어와 일치하는 것으로 이 정당이 프랑스혁명과 같은 혁명을 지향한다는 것을 가리킨다. 깃발 하단 단결이 우리를 강하게 만든다!

의 예산이 매년 정부로부터 배정되는 것은 이 교육이 상시적이고 지속적인 제도로 정착되어 있다는 것을 의미합니다.•

한편 이런 하드웨어에 해당하는 기구 외에도 소프트웨어에 해당하는 교육제도도 있습니다. 가장 대표적인 것이 교육휴가제도란 것입니다. 이 제도는 노동자들이 일 년에 일주일의 휴가를 받아 자신이 원하는 교육을 받을 수 있는 권리를 법적으로 보장해 놓은 것입니다. 이 제도는 독일에서 시작되었지만 이탈리아와 스위스 등에도 도입되어 실시되고 있습니다. 휴가 기간에는 임금이 지급되고 노동자들은 시설이 잘 갖추어진 고급휴양시설에서 다양한 프로그램을 갖춘 직업교육, 정치교육 혹은 노동조합의 교육을 받을 수 있답니다. 이처럼 잘 갖추어진 교육체계가 마르크스의 실천이 장기간 이어질 수 있는 두 번째 요인입니다. 독일에서 노동자에 대한 교육의 중요성은 독일의 초대 대통령 프리드리히 에버트의 다음 얘기를 통해 엿볼 수 있습니다.

"민주주의(마르크스가 말했던 해법의 민주주의를 암시하는 의미)는 민주주의자를 필요로 한다."

그런데 아무리 이런 교육체계가 잘 갖추어져 있다고 하더라도 노동자들이 이 교육제도를 이용할 수 있는 시간을 얻을 수 없다면 아무런 쓸모가 없을 것입니다. 그래서 이 모든 것의 전제는 노동시간의 단축입니다. 바로 그렇기 때문에 비록 눈에 곧바로 띄지 않는다 하더라

• 참고로 이들 예산이 정부로부터 지원되는 구조에는 까닭이 있다. 자본가들도 비슷한 역할을 수행하는 교육재단으로 아데나워 재단이란 것을 가지고 있고 이들 두 재단은 해마다 똑같이 예산을 정부로부터 지원받아 각자 자신들의 이념을 국민들에게 교육하고 있기 때문이다.

도 마르크스의 실천이 이루어지고 있는지의 여부는 노동시간을 보면 짐작할 수 있습니다. 실제로 북유럽 나라들의 노동시간은 세계에서 가장 짧은 범위에 듭니다. 2014년을 기준으로 독일은 1371시간, 노르웨이는 1427시간, 덴마크는 1436시간 등입니다. 반면 선진 자본주의 국가이면서도 마르크스의 해법이 실천되지 못한 미국은 1789시간, 일본은 1729시간을 보이고 있답니다. 그러면 우리나라는 어떨까요? 2124시간이랍니다. 노동시간이 마르크스의 해법과 얼마나 밀접한 관련이 있는지를 금방 알 수 있는 대목입니다. 사실 노동시간의 단축은 우리가 이미 보았듯이 해법을 실천하기 위한 조건이면서 동시에 해법 그 자체이기도 합니다. 그래서 노동시간의 단축은 마르크스의 해법이 실천될 수 있는 세 번째 요인을 이룹니다.

북유럽 사회의 역사적 경험이 알려 주고 있는 이들 요인은 헬조선의 해법을 어디에서부터 찾기 시작할 것인지를 우리에게 암시해 줍니다. 그렇다면 이제 남은 문제는 그것을 실천에 옮길 우리의 의지가 아닐까요? 마르크스가 찾았던 해법, 노동해방은 어느 날 갑자기 먼동이 트듯 저절로 찾아오는 것도 아니고 어떤 메시아가 가져다주는 것도 아닙니다. 그것은 스파르타쿠스처럼 해방되어야 할 사람 자신이 만들어 내는 것입니다. 그래서 마르크스는 바로 그 의지를 부추기는 말을 이렇게 남기고 있습니다.

"여기가 바로 로도스 섬이다! 마음껏 뛰어 보거라!"

— 마르크스의 《자본》 제1권 서문

비행청소년 12

수취인: 자본주의, 마르크스가 보낸 편지

초판 1쇄 발행 2016년 12월 12일
초판 2쇄 발행 2018년 5월 10일

지은이 강신준 그린이 신병근
펴낸이 홍석 전무 김명희
기획 · 책임편집 김재실 디자인 신병근
마케팅 홍성우 · 이가은 · 김정혜 · 김정선 관리 최우리

펴낸 곳 도서출판 풀빛 등록 1979년 3월 6일 제8-24호
주소 03762 서울특별시 서대문구 북아현로 11가길 12 3층
전화 02-363-5995(영업), 02-362-8900(편집) 팩스 02-393-3858
홈페이지 www.pulbit.co.kr 전자우편 inmun@pulbit.co.kr

ISBN 978-89-7474-798-5 44300
ISBN 978-89-7474-760-2 44080(세트)

이 책의 국립중앙도서관 출판시도서목록(CIP)은 서지정보유통지원시스템 홈페이지(seoji.nl.go.kr)와
국가자료공동목록시스템(www.nl.go.kr/kolisnet)에서 이용하실 수 있습니다.
(CIP제어번호 : CIP2016026721)

* 책값은 뒤표지에 표시되어 있습니다.
* 파본이나 잘못된 책은 구입하신 곳에서 바꿔드립니다.

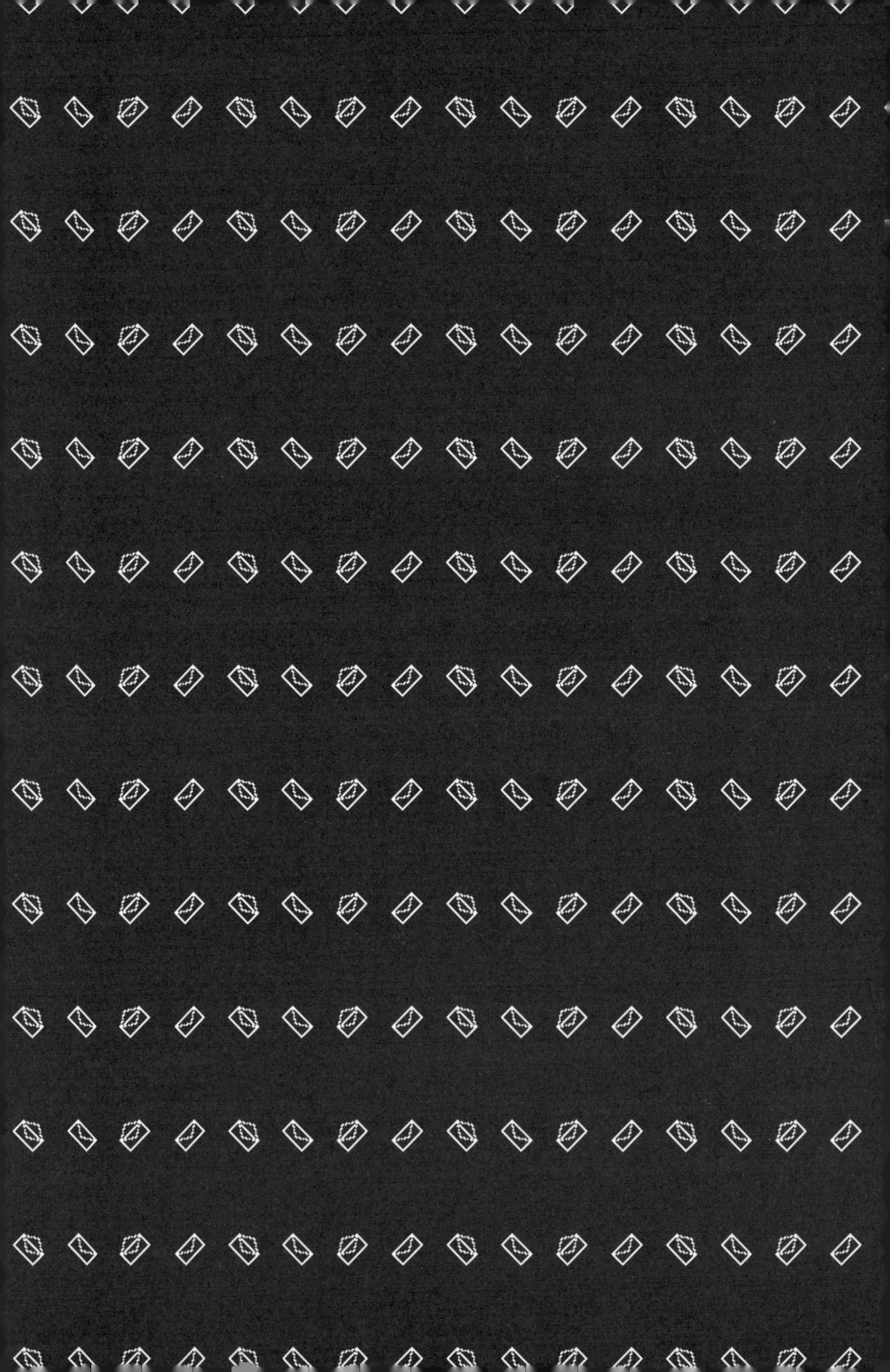